AF590372

MAISON DE SAINT-GRESSE

STATIONS CLIMATIQUES HIVERNALES FRANÇAISES

BIARRITZ

Description — Historique — Climat — Topographie médicale — Indications thérapeutiques — Distractions et Promenades

PAR

Le Docteur Ch. LAVIELLE

Médecin-directeur de l'Établissement thermal des Baignots, à Dax.

PARIS
A. MALOINE, LIBRAIRE-ÉDITEUR
23, 25, RUE DE L'ÉCOLE-DE-MÉDECINE, 23, 25

1898

STATIONS CLIMATIQUES HIVERNALES FRANÇAISES

BIARRITZ

Description — Historique — Climat — Topographie médicale — Indications thérapeutiques — Distractions et Promenades

PAR

Le Docteur Ch. LAVIELLE

Médecin-directeur de l'Etablissement thermal des Baignots, à Dax.

PARIS

A. MALOINE, LIBRAIRE-ÉDITEUR

23, 25, RUE DE L'ÉCOLE-DE-MÉDECINE, 23, 25

—

1898

BIARRITZ

PREMIÈRE PARTIE

CHAPITRE Ier

DESCRIPTION

Biarritz la splendide ! Biarritz la merveilleuse !

Telle les anciens l'auraient dénommée autrefois. Alors, ils frappaient, pour ainsi dire, l'effigie d'une personne, d'un endroit ou d'une chose dans l'imagination, en ajoutant au nom propre un adjectif caractéristique, approprié et presque d'harmonie imitative. Si bien que celui-ci ne formait plus qu'une partie de ce même nom.

Nous voilà loin d'Arcachon au charme doux, étrange, dont le bassin, sorte de grand lac tranquille, repose silencieusement. Il s'estompe et s'efface derrière les masses sombres de ses « pignadas » dont les derniers vestiges s'étendent le long de la côte pour venir mourir et disparaître au pied de Biarritz.

Ici, plus de lumière tamisée : le soleil éclatant, cru, violent du midi espagnol.

Plus d'arrière-fond sombre ; mais les couleurs heurtées.

Pas d'arbres, pas de verdure — rien qui atténue : le soleil glorieux sur l'Océan resplendissant. Les deux, formant un tout splendide.

Car ce n'est plus la mer seulement, mais l'Océan. Vert et

méchant au gros temps (1); bleu souvent, très souvent, du bleu violent du ciel ; mais jamais calme, jamais tranquille : toujours avec ses longues lames majestueuses, reines et maîtresses du rivage.

Elles courent tout du long, dans leur amplitude sereine ou troublée, pour venir se briser par un grand choc sonore contre les hautes roches éparses au hasard, contre les falaises à pic sur l'abîme. Et le roc inflexible les renvoie en grandes masses neigeuses de poussière liquide, magnifiques gerbes qui s'élèvent un instant pour retomber silencieusement.

Aussi le rivage, dans ses divers aspects, est-il l'âme même de la ville. Cette dernière étend ses maisons un peu partout ; monte et descend ses rues par des pentes abruptes et pittoresques, dans le désordre le plus échevelé et le plus capricieux du monde. Mais rien en dehors de la plage ne retient le promeneur : il ne peut échapper à cette séduction grandiose du bord, et il y revient toujours fasciné et ébloui !

Ce rivage magnifique se trouve coupé en trois plages d'aspect différent. Et comme chacune est entourée d'un paravent de villas, de châteaux, d'hôtels immenses aux architectures de palais, bâtis en amphithéâtre sur le roc, il en résulte que, de chacune, on ignore l'autre. Grâce à cette richesse de plages, l'Océan à Biarritz reste plus magnifiquement divers encore.

D'un seul point élevé, plateau situé sur l'une des plus hautes falaises, qu'on appelle *l'Atalaye*, on domine tout l'ensemble. Au sud, à main gauche, un immense arc de cercle encadre les flots, les Pyrénées et la côte espagnole visible jusqu'au cap Machichaco, et les falaises, creusées de loin en loin par des petits villages, dont les blanches maisons sont échelonnées sur le roc, semblent autant de vols de grandes mouettes nichées au hasard.

Au pied de l'*Atalaye*, en reculant vers la ville, on voit la première plage de Biarritz.

Un peu en avant, le rivage tourne et se creuse en retrait :

(1) Car la mer y est « sujette aux lubies, dit Onésime Reclus, aux transports, aux colères : et la tiède Occitanie, près de la lumineuse Espagne, a des tempêtes inexorables comme celles qui font trembler la brumeuse Armorique. »

c'est le *Port-Vieux*, autre plage encaissée dans les roches percées de part et d'autre par les vagues qui se jouent à travers.

A l'autre extrémité de cette grande courbe, à main droite, se trouve le troisième rivage, qui forme ce qu'on appelle *la Grande Plage*.

A la pointe, d'autres falaises abruptes surmontées par le phare. Au delà, la côte court sablonneuse et droite jusqu'à l'embouchure de l'Adour : *la Barre*, comme on dit dans le pays.

Et dans l'intervalle, on aperçoit encore des falaises, creusées de grottes sombres et étranges. Une d'elles, plus grande, est appelée « la *Chambre d'Amour* », d'après une touchante légende du pays qui dit que deux amants y trouvèrent la mort, par un jour néfaste de mer mauvaise emplissant de vagues hurlantes et déchaînées les grottes paisibles et profondes.

Et ces trois plages forment tout Biarritz, son unique et splendide richesse.

Ville d'aspect enchanteur ! Bâtie à pic sur les hautes falaises aux assises gigantesques semant leurs rochers dans les flots, en pleine lumière vibrante d'un soleil royalement glorieux !! Toujours caressée par la plainte ou le murmure des grandes vagues changeantes, à la chanson berçante ou terrible, éternellement la même !

CHAPITRE II

HISTORIQUE DE LA STATION

Jadis, vers le XIe siècle, Biarritz fut un grand port de pêcheurs. Il en reste seul, maintenant, un dernier vestige qui porte le nom de *port des Pêcheurs*, creusé entre le Port-Vieux et la Grande Plage.

Mais autrefois c'était tout un mouvement spécial, créé par les marins basques chassant la baleine, alors abondante dans le golfe de Gascogne.

La mer s'acharna à détruire le port ou plutôt les rochers sur lesquels il était bâti, et ils croulèrent un beau jour.

La plupart des habitants se dispersèrent pour émigrer en Espagne. Seules, quelques pauvres familles formèrent un petit hameau bien modeste, ignorant de sa brillante destinée.

Vers 1750, les médecins commencent à prescrire les bains de mer.

L'initiative avait été donnée par le Dr Russel, médecin anglais.

En 1765, on pense à Biarritz : quelques étrangers s'y rendent.

L'essor est lent, car les communications ne sont pas commodes. Peu ou pas de routes. Et malgré les efforts intelligents de quelques habitants, le gros du pays reste hostile à l'invasion des étrangers (et, par ce terme, le paysan comprend aussi bien les Français), refuse obstinément une amélioration de chemins nécessaire à la venue des baigneurs, se renferme sauvage en sa solitude magnifique.

Cependant la réputation de la beauté du site vainc les difficultés. On se contente des moyens primitifs de transport en usage, comme en témoignent ces quelques lignes de M. de Quatrefages qui a visité la Baie de Biscaye en 1847.

« Jadis la course (de Bayonne à Biarritz) se faisait en

cacolet. Sur le dos d'une monture quelconque, cheval ou mulet, on plaçait un appareil assez semblable au double panier de l'âne.

« Le voyageur s'asseyait d'un côté et avait pour contrepoids la cacoletière, belle Basquaise aux yeux rieurs, à l'esprit vif, à la répartie prompte. On suivait des sentiers sablónneux où trotter était impossible. La conversation s'engageait ; la route s'allongeait d'autant, et bien des fois le touriste et son guide se reposaient dans les grottes de la Chambre d'Amour ? ! ! »

Je laisse la responsabilité de ce récit à l'éminent professeur aux doctes travaux, à l'esprit profond et sévère, mais qui garde dans ses écrits comme un reflet de ce milieu chaud, vibrant et coloré.

Mais déjà, des années avant, en 1807, la reine Hortense passe une saison à Biarritz. On y vient du reste de plus en plus.

Le Dr Thore, médecin en chef de l'hôpital militaire de Dax, voyage de ces côtés. Il consigne ses souvenirs dans un livre intitulé : « *Promenade sur le golfe de Gascogne* » (1810), et nous y relevons ces lignes : « On trouve sur cette plage, en été, beaucoup de baigneurs. » Et il se plaint même du sans-gêne de ces mêmes baigneurs prenant leurs ébats sur la plage dans des costumes tant soit peu primitifs !

Enfin, dès 1836, celle qui n'est encore que la fille de la comtesse de Montijo, vient habituellement dans cette région avec sa mère. C'est à elle que Biarritz va devoir la vogue qui créa la fortune du pays.

En effet, devenue Impératrice, elle décide Napoléon III à passer les étés sur cette plage.

On construit le Palais Impérial (1) et la résidence de la cour y devient habituelle chaque année.

Le mouvement est donné et ne s'arrête plus. Les chiffres deviennent éloquents : en 1854, 2.400 habitants se trouvent à Biarritz.

De nos jours on en compte plus de 10.000.

Les communications sont, à l'heure actuelle, aussi nombreuses que faciles.

(1) Aujourd'hui Hôtel du Palais.

Le chemin de fer passe à *Biarritz-Négresse*, à 3 kilomètres de Biarritz-ville (1). Cette station est desservie par tous les trains (ligne Paris-Madrid-Lisbonne), y compris les trains de luxe : *Sud-Express*.

On peut également descendre à Bayonne, station précédant celle de *Biarritz-Négresse* et se rendre à Biarritz :

1° Par le petit chemin de fer auxiliaire B. A. B. (*Bayonne à Biarritz*).

Trajet : 15 minutes.

2° Par un tramway à vapeur suivant une très belle route.

Trajet : 45 minutes.

3° En voiture :

Distance : 7 kilomètres.

Biarritz est devenue une ville cosmopolite par excellence.

Ville de luxe et de plaisir où se coudoient les étrangers de plus haute naissance, les fortunes les plus diverses (2). Tour à tour, suivant les nationalités qui s'y pressent, la ville passe successivement d'un pays à l'autre.

Espagnole pendant l'été : juillet, août, septembre, elle devient russe en automne jusque vers la fin décembre. Depuis Noël jusque vers la fin de mai, elle appartient aux Anglais qui y viennent de plus en plus (3). Enfin, depuis la création des *Thermes salins*, Biarritz ne connaît

(1) Il est question d'établir une ligne de communication entre Biarritz-Négresse et Biarritz-ville, soit au moyen d'un raccordement de la voie ferree, soit par un tramway électrique. Cette amélioration devenue non seulement nécessaire mais *urgente*, devrait être mise sans retard en voie d'exécution.

(2) Hâtons-nous d'ajouter que c'est une erreur de croire que Biarritz est un séjour trop dispendieux pour des ressources modestes. La vie est à bon compte, *surtout l'hiver*, saison que nous traitons tout spécialement dans cette étude. Il n'est pas inutile de le signaler, car ce sont des raisons que nos familles françaises mettent souvent en avant pour aller à l'étranger et déserter nos propres stations médicales.

(3) Et, à ce sujet, je ne serai pas fâché d'éveiller l'attention sur ce petit fait : Que les Anglais, rongés de tous temps par la phtisie, se sont répandus dans nos stations hivernales, pour les abandonner une fois qu'ils les jugeaient contaminées !! Ils ont maintenant adopté Biarritz, qui resta longtemps ignoré comme station hivernale. Or, on se plaint à juste titre des proportions toujours grandissantes en France de la terrible maladie, en même temps que

plus de morte saison, car c'est justement au printemps mai-juin que la clientèle enfantine afflue dans le pays, venant de province et beaucoup de Paris.

Moment excellent pour cette saison spéciale, et propice aux familles avant les déplacements des grandes vacances.

l'on reconnaît de plus en plus à quel point elle est contagieuse.

La relation de ces faits entre eux n'est peut-être pas à dédaigner et se passe de tout commentaire ! !

Médecins Français, sachons garder nos stations hivernales uniques au monde, pour nos malades ! Or, non seulement, elles servent aux étrangers d'abord, mais encore nous les leur livrons de gaieté de cœur, en envoyant nos compatriotes dans des stations rivales étrangères qui ne valent pas celles que nous donne notre pays. Fait déplorable contre lequel on ne saurait trop s'élever.

CHAPITRE III

AGENTS MODIFICATEURS DU CLIMAT

A Biarritz, le grand facteur du climat, celui sur lequel tout repose, c'est l'Océan; en second lieu vient le voisinage des montagnes.

1° L'Océan à Biarritz.

« La vue de la mer est par elle-même un élément utile de traitement; elle produit un effet psychique difficile à saisir, comme celui de la lumière et de la couleur. La mer a des attractions mystérieuses. » (Dr Elevy.)

Qui de nous n'a pu vérifier l'exactitude de ces lignes ?

La mer, répètent les médecins à leurs malades, est un agent thérapeutique de toute importance : allez respirer l'air de la mer !

D'accord, pourraient répondre ces derniers, mais mettez-nous en demeure de satisfaire le plaisir de nos yeux, tout en nous soignant ; donnez-nous les distractions de la vue en nous procurant un spectacle si divers, si magnifique, qu'il nous tire de nos misères tout en réparant nos forces !

Ce desideratum du souffrant : se soigner sans y penser, où pourra-t-il trouver une réalisation plus parfaite qu'à Biarritz ?

On peut souvent craindre, en effet, la monotonie d'une plage. Ici rien de pareil à redouter.

Non-seulement, par ses falaises et ses rochers l'horizon à Biarritz n'est jamais le même, mais encore il est trois fois différent, présentant un aspect varié sous les noms de :

Côte des Basques, *Port-Vieux* et *Grande-Plage*.

La Côte des Basques.

Elle offre le spectacle imposant de deux des plus grandes beautés que nous donne la Nature : l'Océan et les montagnes. Magnificence souveraine qui défie toute imagination !

De cette première plage, la vue s'étend sur des falaises abruptes, distinguant dans le lointain bleuï : *Guéthary* et *Saint-Jean-de-Luz*.

Tout à l'arrière-plan, la masse sombre des montagnes, derniers contreforts des Pyrénées, changeant de couleurs, de tons et d'aspect, suivant les jeux des nuages et de la lumière.

Puis là-bas, tout là-bas, mourant et s'effaçant en teintes violettes : la côte espagnole.

Sur le haut de la falaise surplombant la grève au sable fin et uni, des bancs espacés permettent aux malades de jouir du repos en pleine lumière devant ce bel horizon.

En arrière, sur la hauteur, quelques-unes des plus belles villas de Biarritz, puis toute une rangée d'habitations pouvant servir d'abri au promeneur contre les vents de terre (1).

Des chemins en lacets descendent en tous sens la falaise. A mi-côte, un bouquet de tamarins, seule végétation possible en cet air salin, offre une oasis charmante et abritée.

Sur cette plage les lames sont longues, assez modérées ; le fond plat et uni permet d'aller loin sans perdre pied. Cependant il faut toujours se méfier du remous occasionné par les grandes vagues.

Il ne serait pas inutile d'y placer des *baigneurs* munis de *cordes* comme à la Grande Plage. Il n'y a du reste qu'un établissement de bains très primitif, installé au pied de la falaise.

(1) Il y aurait là quelque chose à faire dans ce but. Je me permets à ce sujet d'appeler l'attention des médecins de la station qui auraient tout avantage à obtenir de la municipalité des améliorations utiles et des aménagements propres aux malades, spécialement faits en vue d'eux.

Il y aurait également avantage à y construire des cabines et abris plus confortables. Il nous semble que cette plage serait fort recherchée par beaucoup de familles qui redoutent le mouvement prodigieux des autres plages.

Le Port-Vieux.

Il est creusé en recul dans la falaise qui l'encaisse et l'abrite de tous côtés. Très calme par conséquent, très réchauffé par le soleil et à l'abri du vent, il est la plage toute indiquée des petits enfants qui peuvent plus facilement y prendre leurs bains. J'ajoute que ces bains sans fortes lames sont moins excitants et conviennent mieux la plupart du temps à leurs petites natures impressionnables, sans parler des nerveux pour lesquels ils sont aussi indiqués.

Enfin cette plage est choisie par les nageurs qui peuvent y perdre pied sans crainte des longues lames perfides.

Les rochers les plus bizarres sont épars dans les flots. Les vagues s'y brisent en mille effets inattendus.

Par cet effort constant, éternellement renouvelé, elles creusent le roc, se jouant à travers les passages qu'elles ont formés.

C'est ainsi qu'on voit, tout près, la fameuse *Roche Percée.*

A droite, le Port-Vieux est abrité par ce merveilleux plateau de l'*Atalaye*, dont nous parlions plus haut.

Avant d'y arriver, une étroite bande de terre faite de roc elle-même, s'avance en pointe dans la mer. Droite et longue, elle fend les flots, puis s'arrête brusquement bien en avant de la crique du Port-Vieux. Et cela, par une masse énorme du roc surplombant l'Océan de toute sa hauteur : c'est le *Rocher de la Vierge.*

Creusé en voûte, on le traverse pour gagner l'extrémité même de cette assise énorme battue incessamment par les lames qui viennent s'y briser en grandes masses furieuses.

De cette pointe extrême on est dans l'infini même de la mer et des cieux. En bas, le roulis immense des vagues frappe sans cesse l'obstacle que leur oppose le grand Rocher : tournant cet obstacle en un mouvement vertigineux, se brisant une première fois pour retomber et se briser à nouveau contre les rocs épars dans les flots !

Comme arrière-plan, cette majestueuse rangée de falaises de la côte des Basques puis, les montagnes se découpant sur l'horizon très pur, et la fin de la terre bleuissant dans le lointain.

Qu'on imagine tout cela dans une gloire de lumière ardente et de couleurs nuancées à l'infini ! (1)

Malade exigeant, es-tu satisfait ?

Penses-tu encore au lourd fardeau de tes peines morales et physiques, devant cet admirable tableau ?

Ne sens-tu pas la vie revenir en toi en face de ces beautés splendides ?

Vois, la plainte éternelle des flots te berce à l'infini !

Laisse tes yeux s'égarer sur ces profondeurs immenses que le ciel et les monts seuls encadrent !

Apaise en admirations muettes et éblouies tes pauvres nerfs exaspérés !

Détends ton cerveau surmené en des contemplations ravies.

Endors, là, toutes tes douleurs !!

La Grande Plage.

Droite et très longue, elle va depuis la partie élevée de la falaise sur le haut de laquelle le Casino étend ses terrasses jusqu'au Palais-Biarritz, l'ancienne résidence impériale.

C'est une plage de sable aussi, mais qui est rongée en grande partie par la marée haute.

De la falaise du Casino ou des hauteurs sur lesquelles s'étendent villas et habitations, on descend, par des sentiers absolument abrupts et des pentes très raides, jusque sur une très belle jetée en pierre qui longe le rivage dans toute sa longueur. C'est une sorte de promenoir très agréable, de 4 à 5 mètres de large.

(1) Voilà les spectacles que, nous autres Français, nous négligeons, pour aller chercher bien loin des horizons qui ne peuvent rivaliser avec ceux-ci !

En saison d'été, c'est le rendez-vous élégant par excellence. Une foule nombreuse s'y presse, chatoyante et diverse; triomphe de la grâce et de la beauté. Cependant que dans le fond, comme en un décor grandiose, se dressent falaises et rochers contre lesquels se reproduit toujours ce choc des flots, caractéristique de la Mer à Biarritz.

La vue s'étend très au loin sur l'Océan. C'est là qu'on jouit le plus complètement de ces immenses vagues qui tiennent parfois presque toute la longueur de la plage.

Ici le bain est excitant et très fort. C'est le vrai bain à la lame. Quand il est indiqué, ceux qui ne savent pas nager en profitent beaucoup. C'est une douche parfaite, très tonique, dont le bienfait est encore augmenté par la variété imprévue de la secousse, les qualités spéciales à l'eau de la mer, et les mouvements que le baigneur s'y donne pour réagir contre la violence et la diversité des chocs (1)

La Mer.

Sa composition. Utilité de son climat spécial.

Comme nous l'avons vu dans l'historique de la station qui nous occupe, ce n'est que relativement tard que l'attention des médecins a été attirée sur les bienfaits thérapeutiques du bain de mer. Il s'écoula encore un certain temps avant qu'on ne reconnût l'utilité tout aussi importante, et peut être beaucoup plus étendue, des stations pures et simples en des climats marins, climats qui donnent des effets curatifs de premier ordre dans un grand nombre d'affections chroniques.

L'utilité du séjour seul dans une atmosphère maritime ne

(1) « Par le temps le plus calme et le plus doux, une telle masse « d'eau est soulevée dans ce recoin formé par la baie de Biscaye, « que même sur les côtes d'Irlande, ni dans la terrible mer voisine « du Cap Horn, on ne voit des vagues aussi énormes. » (Comte H. Russell.)

saurait évidemment impliquer une défaveur au sujet du bain de mer. Ce dernier a des effets importants, mais spéciaux en des maladies déterminées.

Je m'arrêterai peu également sur l'importance des *Bains chlorurés-sodiques* de Biarritz (1), adjuvant cependant précieux qui peut être indiqué parallèlement à la cure climatique.

Mais, laissant de côté ces questions spéciales, je désire avant tout mettre en lumière l'efficacité de l'atmosphère marine *hiver comme été*.

La vie au bord de la mer répondant à des indications souvent totalement opposées à celles demandées par les bains, je voudrais montrer à quel point Biarritz réalise l'idéal d'une station hivernale de ce genre, possédant des qualités particulières indiquées chez certains malades pour lesquels il est nécessaire d'émigrer pendant l'hiver.

Cette station à une valeur médicale et climatique amplement reconnue par les Anglais qui forment à Biarritz une colonie importante : mais elle est un peu ignorée des Français qui y séjournent l'hiver en un nombre restreint. parfaitement insignifiant.

Et si nous voulons une preuve de la négligence évidente de nos compatriotes à cet égard, nous la trouvons dans le fait suivant.

Le Dr *Raoul Le Roy* est le premier Français ayant éveillé l'attention sur Biarritz comme station climatique. Il a écrit à ce sujet une excellente petite brochure où nous avons pris de nombreux détails intéressants.

Ces pages ont paru en 1878. Bien des années se sont donc écoulées depuis, et, à l'heure actuelle, comme nous le disions plus haut, si le nombre des Anglais passant l'hiver à Biarritz augmente sans cesse. les Français n'ont nullement profité de ce premier avertissement !

Disons quelques mots de la composition de l'air spécial créé par le voisinage de la mer, et consultons pour cela l'excellent ouvrage écrit par le Dr *Elevy* (de Biarritz).

« L'air marin, dit-il, celui du littoral, a, au point de vue

(1) Voir : là-dessus notre brochure : Les *Eaux chlorurées-sodiques.*

chimique, une composition toute spéciale, différant de celle de l'air des continents.

« On sait que l'air des continents est composé de 20.9 d'oxygène et de 79.1 d'azote pour 100, c'est-à-dire qu'il contient environ 4 volumes d'oxygène et 1 volume d'azote. L'air renferme en outre de l'acide carbonique, 4 à 6 dix-millièmes : de la vapeur d'eau, de l'azotite d'ammoniaque, et la plupart des substances volatiles, émanations gazeuses, parfums, gaz dégagés des marais, hydrogène sulfuré, bicarboné, provenant des substances animales en décomposition ; des poussières végétales et minérales, des microbes, des miasmes, des gaz toxiques d'origine animale, etc., etc. ».

Dans l'atmosphère marine nous trouvons plus d'oxygène et plus d'acide carbonique que sur le continent. « La mer est le grand régulateur de l'acide carbonique aérien », a-t-on pu dire (*Schlesing*, membre de l'Institut). Or ce gaz n'est pas malsain en lui-même comme des découvertes récentes l'ont fait reconnaître.

L'air marin abonde en ozone, gaz purificateur, brevet de pureté ; en électricité. La conséquence de cette double qualité est la *tonicité*. « Sur les plages, l'air est plus fortement ozonisé, plus souvent électrisé que sur la haute mer, et répand parfois les odeurs bromées ou iodées des plantes marines en décomposition sur le rivage ». (Dr F. *Lavergne.*)

Enfin, dans l'atmosphère marine, pas de poussière, pas de microbes, faits importants à conséquences inappréciables. Mais ces considérations, de même que les ressources thérapeutiques spéciales à Biarritz comme station climatique, et les effets qu'on y obtient, feront l'objet de paragraphes spéciaux dans notre chapitre de climatologie proprement dite.

Ajoutons que non seulement l'atmosphère marine n'a pas les défauts de l'air vicié des continents, mais encore qu'elle contient tous les principes énergiques contenus eux-mêmes dans l'eau de la mer.

On sait que l'eau de l'Océan contient par litre :

Chlorure de sodium.......	25 grammes.
Chlorure de magnésium...	4 —
Chlorure de potassium....	0,50 centigrammes.
Sulfate de magnésie......	5 grammes.
Carbonates terreux........	quelques centigrammes.
Iodure.................	traces appréciables »
Bromure...............	

(Dr Elevy.)

Que ces éléments se retrouvent dans l'air ambiant, nous le prouverons par la suite ; mais à Biarritz ces effets se trouvent plus accentués qu'ailleurs, car « les vagues immenses qui se brisent avec fracas sur les plages et les falaises, en redoublant d'intensité deux fois par jour, aux marées, se réduisent en une poussière fine et salée comme sous l'influence d'un immense appareil à pulvérisation. » (*Dr Elevy.*)

Il est facile de trouver, dans les petits faits de chaque jour, la preuve de cette répartition dans l'air des molécules salines. D'abord les arbres du bord des plages sont *brûlés* par l'air. Seuls les *tamarins* et les *pins* supportent le voisinage.

Puis le vent transporte assez loin ces molécules qui se déposent sur les objets aux alentours.

M. *d'Hercourt* dit avoir retrouvé des traces de chlorure de sodium, surtout à des distances considérables. (*Dr Le Roy.*)

A la mer, tout ce qui est fer se rouille vite.

Les instruments de chirurgie doivent être protégés.

Les bijoux sont ternis.

Les bottines et autres objets en cuir sont souvent recouverts de moisissures, les gants se piquent, etc.

Toutes altérations très fréquentes sur la côte et qui prouvent bien l'existence dans l'air des principes salins.

De plus, cette « poussière aqueuse qui règne autour des plages renferme tous les médicaments contenus dans l'eau de mer. » (*Dr Elevy.*)

Donnons une remarque du même auteur, pleine de justesse et que nous approuvons absolument : « Il suffit que l'air contienne des substances étrangères ou médicamenteuses, même à des doses infiniment petites par litre, pour que nos fonctions en soient très vivement impressionnées.

« En effet, il nous passe par les poumons environ dix mille litres d'air chaque jour.

« Un milligramme de substance active dans l'air respiré est déjà une dose forte après plusieurs jours. L'expression de petite quantité, quand il s'agit de la composition de l'air, n'est donc pas de mise et, par le fait, nous ne saurions adopter l'opinion du Docteur Rochard, qui dit que les différences constatées dans la composition de l'air du globe sont trop peu considérables pour qu'il y ait lieu d'en tenir compte. »

Ajoutons que les faits signalés dans la première partie de ce paragraphe sont la preuve évidente des effets déplorables produits sur la constitution par le séjour dans un air vicié ou simplement impur, ainsi que des conséquences thérapeutiques de haute valeur obtenues par la nouvelle méthode scientifique des cures climatiques.

2° Le voisinage des montagnes.

Je ne crois pas exagéré d'indiquer, malgré leur éloignement, les montagnes comme agent secondaire modificateur du climat de Biarritz. Elles jouent un rôle d'arrière-plan si on veut, mais qui a son importance.

Tout d'abord, leur voisinage augmente l'hygrométrie de la station et modifie le régime des pluies qu'elles augmentent. Inconvénient momentané et qui est plutôt un bienfait quand ces pluies sont modérées comme fréquence, ce qui est le cas ici.

Enfin les montagnes servent d'écran naturel contre lequel la violence des vents s'atténue et change de nature.

Elles s'étendent au sud et au sud-est et protègent le pays contre les vents trop brûlants du midi.

CHAPITRE IV

TOPOGRAPHIE MÉDICALE

LE SOL. — LA VÉGÉTATION.

« Biarritz est situé à 43° 29' 38" de latitude nord et à 3° 53' 29" de longitude ouest, à l'angle rentrant du golfe de Gascogne, au pied des derniers contreforts des Pyrénées.

Il est sur le même parallèle que Pau, Nice, Narbonne, Marseille, Nîmes, Toulouse, Montpellier, Ancône, Florence. »

« La ligne isotherme de 15° qui limite inférieurement la zone tempérée passe presque exactement par Biarritz. » (*Dr Elevy*.)

Biarritz, comme nous l'avons dit, est bâti en amphithéâtre. De là, différentes expositions qui forment chacune un groupe spécial s'étendant en zones assez distinctes. Au malade, guidé par le médecin, appartient de choisir la partie de la ville qui peut lui convenir le mieux.

Cependant, comme je l'ai déjà fait remarquer dans les premières pages de cet ouvrage, n'exagérons pas l'influence de la mer sur des nerfs sensibles. Le vent est beaucoup plus à redouter sous ce rapport. Et une habitation proche de la mer, mais bien abritée, sera moins mauvaise à ce point de vue qu'une maison loin du rivage et exposée à tous les vents.

Disons cependant quelques mots des divisions que l'on peut établir parmi les habitations de la ville.

Elles découlent tout naturellement de la situation même de cette ville qui est bâtie en fer à cheval, suivant la ligne courbe de ses trois plages.

Comme direction générale, la côte va du nord-est au sud-ouest.

Ainsi que nous le verrons plus tard, les vents régnants sont :

1° *de mer* : nord-est ; nord-ouest et ouest-sud-ouest.

2° *de terre* : sud-ouest ; sud-est et est-nord-est.

Au nord, les derniers restes des forêts de pins atténuent la violence des vents. Au sud, ce sont les Pyrénées qui font écran.

Biarritz est plus directement exposé aux vents d'est. C'est d'eux surtout qu'il s'agit de se protéger en choisissant une habitation.

La *première zone* s'étend autour de la *Grande Plage* jusqu'à la fin de la *Côte des Basques*.

On y trouve plusieurs grands hôtels.

Les maisons entourant le *Port-Vieux* sont un peu en retrait.

Il y a aussi des pensions de famille ou des hôtels de moindre importance.

Des villas particulières à louer.

Des appartements et chambres.

Cette partie du pays reçoit en plein les émanations marines.

La *deuxième zone* « comprend tout l'intérieur de la ville et s'étend fort au loin, avec des nuances nombreuses, jusqu'aux constructions élégantes et confortables qui bordent de plus ou moins près la route de Bayonne et celle qui conduit à la station de la Négresse. Toute cette zone offre les bénéfices d'une sédation plus constante et plus marquée sans être dénuée de tonicité ». (*D*r *Le Roy*.) « On peut y « comprendre aussi tout le quartier situé entre l'avenue de la Négresse, l'avenue Jaulery, l'avenue Carnot et l'avenue Victor Hugo ». (*D*r *F. Lavergne.*)

On trouve quelques hôtels sur la route des Thermes Salins.

Villas. Pensions, appartements.

Pour le plus grand nombre, la vue constante de l'Océan est une source de distractions, et la proximité des plages un grand bienfait. A ceux-là il sera facile de s'établir au pourtour du rivage (1).

(1) L'exposition d'une habitation peut varier aussi suivant la période de la maladie.

D'autres, ceux que le bruit de la mer fatigue, trouveront plus au loin, sur la route de Bayonne, sur celle de la Négresse ou au voisinage des Thermes salins, des endroits plus calmes qui conviendront mieux à leur « extrême sensibilité physique et morale vibrant à l'unisson des moindres impressions ou des moindres bruits ». (Dr *Le Roy*.) Car, comme le dit si justement notre distingué confrère et ami le Docteur *F. Lavergne* (de Biarritz), « cette division a d'autant plus « d'importance que, si *physiologiquement* le climat de Biarritz est un *climat tonique*, il est aussi un climat excitant ou mieux semi-excitant, *intermédiaire* entre le climat sec, excitant, du littoral méditerranéen, et le climat humide, sédatif, celui de Pau par exemple. Or, on conçoit fort bien qu'à ce point de vue, il soit très possible, par un choix raisonné de l'habitat, de soumettre le malade au maximum de la stimulation ou de lui épargner, sinon la totalité, au moins une grande partie de celle-ci. »

Disons une fois de plus qu'on peut vivre à Biarritz très luxueusement soit dans des hôtels de premier ordre, soit dans des villas somptueuses entourées de parcs ornés de fleurs et de vertes pelouses.

A côté de cela, il est facile de trouver des arrangements confortables plus modestes, l'hiver tout particulièrement.

—

Sol. — La côte est tout entière formée par les falaises. Elle est fortement échancrée par les trois plages de Biarritz qui sont des plages de sable. L'Océan effrite, creuse ces falaises, sème en mer ces rochers fantastiques de formes bizarres ; masses énormes d'un seul bloc, ou affinées en pointes brusques et percées de part en part.

Les falaises sont constituées par des marnes sablonneuses. Les rochers, par des calcaires arénifères.

Le sol lui-même est sablonneux.

L'eau le traverse rapidement pour être arrêtée à 7 ou 8 mètres de profondeur par une couche d'argile marneuse.

Terrain parfaitement sain, sans marais, de sorte que les travaux effectués dans le pays n'ont provoqué aucun danger de fièvre intermittente, soit pour les habitants eux-mêmes, soit pour les ouvriers.

« Les eaux potables sont bonnes ; la source de Haraout est d'une fraîcheur et d'une pureté exceptionnelle (*Dr Eleyr*) ; une autre est profondément captée auprès du lac de Mouriscot.

Enfin on trouve dans la ville un système complet de fosses étanches et d'égouts, des étuves à désinfecter du dernier modèle.

—

Végétation. — La végétation de Biarritz offre le caractère spécial presque sous-tropical que possèdent les côtes océaniennes grâce au voisinage du Gulf-Stream.

Ce caractère sensible à Brest et ailleurs est naturellement plus accentué encore dans la région sud-ouest.

On s'en rend réellement compte à quelque distance de la côte, à deux ou trois kilomètres environ, car tout le long du rivage, la végétation est brûlée par l'air marin, que supportent seuls les tamarins et les pins maritimes.

Mais à l'abri du vent, on trouve en pleine terre des plantes qui, à Paris par exemple, vivent seulement en serre chaude.

Citons entre autres : Le Myrte, le Mimosa, l'Eucalyptus, l'Aloès, le Laurier-rose, les Grenadiers, les Figuiers, les Camélias, etc.

La végétation donne souvent la vraie note d'un climat, mieux que ne sauraient le faire moyennes et comptes rendus, rigoureusement exacts d'après les instruments de précision, mais bien sujets à caution dans la pratique !

CHAPITRE V

DISTRACTIONS ET PROMENADES A L'USAGE SPÉCIAL DES MALADES

1° DISTRACTIONS.

En étudiant les distractions fournies par Biarritz à l'étranger (1), nous voyons de suite à quel point on néglige cette ville au point de vue hivernal.

En effet, concerts, courses, etc., tout a lieu en été, faisant alors de la ville un centre joyeux d'attractions et de plaisirs. Arrive l'hiver, tout est fermé, tout est silencieux et éteint !

Voilà l'erreur. Seuls, les Anglais, toujours plus nombreux, organisent quelques chasses au renard suivies par la colonie étrangère.

Il est grand temps de remédier à cet état de choses. Comme nous allons le voir dans le chapitre intitulé *Climatologie*, Biarritz est une station hivernale de premier ordre. Trop longtemps méconnue sous ce rapport par les Français, il faut en toute hâte en faire le lieu choisi de nos nombreux malades, de tous ceux qui ressortent à son climat spécial.

Le *Casino*, dont la magnifique terrasse est admirablement située, donne d'excellents concerts en plein air qui permettent au malade de respirer et de se distraire tout à la fois.

Le *Casino municipal*, bâti dernièrement par la ville sur la Grande Plage, offre aussi de nombreuses ressources.

L'établissement de bains qui y est attenant est fort bien installé et offre tout le confort possible.

(1) Quand je dis *étranger* en parlant d'une station quelconque, j'entends le mot dans le sens que lui attribuent les gens mêmes du pays. Pour eux, *étrangers* signifie gens de passage, originaires d'une autre ville que la leur.

On trouve aussi dans le pays des jeux de tennis, de golf, un tir aux pigeons, etc.

Dans un milieu si profondément favorisé par la nature, dans un décor si royalement beau, ajoutons enfin tout ce que l'homme peut inventer, créer et organiser pour nos malades d'hiver, et ne leur laissons pas l'ombre d'un prétexte pour chercher en pays étranger ce que réclame leur état, alors surtout que nous avons *mieux* et *plus* à leur donner.

2° Promenades.

Avant de donner ici la liste des promenades à faire, liste que nous empruntons au livre du Dr *Elevy*, qui la doit lui-même à l'obligeance de M. *O'Shea* (1), je voudrais donner aux malades quelques petites indications spéciales.

Je leur conseille, ici comme ailleurs, de ne jamais s'exposer à rester dehors au moment du coucher du soleil.

L'abaissement de la température est certes beaucoup moins considérable à Biarritz que sur la côte d'Azur, mais, quoi qu'on ait pu dire, il est cependant suffisamment sensible *pour les malades et les délicats* : à eux d'en tenir compte.

Cet effet est encore plus marqué sur le rivage. Car, plus la surface d'un terrain est foncée, plus elle absorbe la chaleur. Tout au contraire, dans les espaces sablonneux comme les déserts ou plus simplement les plages, la chaleur est renvoyée par réflexion dans l'air ambiant. Dans un endroit surchauffé de cette façon, une fois le soleil disparu, le contraste est plus saisissant qu'ailleurs.

Enfin, il se produit quelquefois au moment des grandes marées (et cela par le temps le plus clair) des brumes de mer subites qu'il sera également utile d'éviter, en rentrant de suite après leur apparition.

Brumes ne veut pas dire brouillards. Pas d'impuretés ni

(1) Nous y avons ajouté quelques développements nous semblant devoir intéresser le malade à ces promenades.

de germes malsains à redouter, mais un refroidissement pouvant être dangereux.

Je me place toujours au point de vue spécial du souffrant.

Telle circonstance qui peut passer absolument inaperçue pour la généralité, doit être signalée pour le malade.

« Les promenades à Biarritz peuvent se faire sans fatigue sur de belles routes ombragées, avec le grandiose horizon des Pyrénées d'un côté, et de l'autre celui de l'Océan. L'air y est doux à respirer, souvent aromatisé des senteurs d'une végétation toujours fraîche, riche de tons, sur un sol fertile et saturé de tièdes vapeurs. Si, par des fumigations artificielles appropriées, dont la durée ne dépasse pas quelques minutes, nous obtenons cependant de rapides améliorations des surfaces pulmonaires ou bronchiques dans l'état de maladie, on conçoit aisément ce que doit être dans le même sens l'inspiration continuelle d'une atmosphère qui, par sa composition et ses effets, se rapproche des fumigations. (Dr *Le Roy*.

Rien de plus exact. Souhaitons que le Conseil municipal se décide à suppléer *largement* à l'absence totale de bancs dans Biarritz et aux alentours. C'est une des premières améliorations nécessaires.

Itinéraires à pied.

1° Promenades abritées et ombragées.

De Biarritz à Bayonne.

Par la rue de France : 7 kilomètres.

Durée : 1 heure 1/2.

Bayonne : vieille ville très intéressante avec les restes de sa forteresse. Une ancienne cathédrale gothique. De vieilles rues curieuses. Tout près, les *usines du Boucau.*

Côteaux de *Saint-Esprit*, d'où l'on jouit d'une vue remarquable sur les environs.

Route bordée de chaque côté de villas et de demeures somptueuses de la colonie espagnole.

Direction de l'ouest à l'est.

De Biarritz à la Négresse.

3 kilomètres 1/4 : 45 minutes.

Du nord au sud. Gare du Midi.

Bois de Boulogne : joli bois taillé, aménagé comme promenade.

Magnifique *lac de la Négresse*, de 1 kilomètre de long et de 400 mètres de large ; 20 minutes suffisent pour faire le tour du lac.

On l'appelle aussi *lac Mouriscot* et *lac Bleu*.

Les eaux de ce lac sont remarquables comme douceur et pureté.

Nombreux poissons délicats.

Le lac alimente Biarritz d'eau potable.

A gauche et à moitié chemin de la gare, se trouve le *lac Marion*, plus petit, et dans une charmante position, entouré de beaux arbres et de plaines très vertes.

Du Refuge (Anglet) à la Barre.

Direction S. W. au N. E.

35 minutes.

La visite du *Monastère d'Anglet* est très intéressante.

Très intéressant aussi le *Refuge-couvent* destiné aux filles repenties fondé en 1889 par l'abbé Cestac, dans un milieu désert.

La culture a prospéré. Il y a un ouvroir pour les jeunes filles.

Celles-ci vivent très recluses, condamnées au silence et aux travaux de la terre.

Du Refuge (par les Pignadas) à Bayonne.

Direction de l'ouest à l'est.

45 minutes.

Les Pignadas sont des forêts de pins maritimes comme celles des Landes, où l'air est frais et embaumé par les émanations de la résine qui suinte des larges entailles faites à l'écorce et s'amasse dans des gobelets en poterie attachés au pied de l'arbre.

De Bayonne à Marrac.

20 minutes par les glacis.
Direction du N. E. au S. W.

Allées Marines de Bayonne.

15 minutes.
De l'est à l'ouest.
Promenade au bord de l'Adour.

2° Les plus exposées au Soleil.

Presque tout le long des côtes où la végétation est plus rare.

De Biarritz à Bayonne.

Par l'usine à gaz : 1 heure 1/2.

De Biarritz à Marbella (par les falaises) : 30 minutes.

Villa somptueuse appartenant à une personnalité anglaise.
Situation merveilleuse à pic sur des rocs perdus au milieu des flots. Vue glorieuse et unique sur la Montagne et l'Océan par une féérie splendide de couchers de soleil (1).

De Biarritz au Phare.

20 minutes.
Vue superbe sur le panorama de Biarritz.
Le Phare est bâti sur les rochers du Cap Saint-Martin. Bâti en 1834, il a 47 mètres de hauteur. Feux rouges et

(1) « Rien n'est plus grand qu'un coucher de soleil sur la baie de Biscaye ». (Comte H. Russell.)

blancs. De la plate-forme, la vue est fort belle et très étendue sur toute la côte : depuis les Pyrénées jusqu'à Cap Breton et les Landes.

Il faut descendre sous les rochers pour voir la Grotte, et jouir du fracas des vagues se brisant sur des rochers étranges avec une force et une beauté inouïes.

De Biarritz à la Chambre d'Amour.

35 minutes.

De Biarritz à Anglet (5 cantons).

50 minutes.

Itinéraires en voiture ou à cheval.

De Biarritz à Cambo (par la Négresse).

24 kilomètres : 2 heures.

De Biarritz à Cambo (par Bayonne).

27 kilomètres : 2 heures.

De Biarritz à Cambo(par Anglet).

1 heure 3/4.

De Biarritz au Phare.

10 minutes.

De Biarritz à la Barre.

7 kilomètres : 45 minutes.

La Barre, endroit où l'Adour se jette dans l'Océan. Magnifique champ de courses de chevaux ; hippodrome unique ayant pour bornes à la fois, la mer, le fleuve,les montagnes et les bois.

Très belles courses en septembre.

Le passage de la Barre est fort difficile ; l'entrée des navires y est fort belle.

Très longue jetée avançant en mer, avec une longue étendue sur ce remous énorme qui forme la *Barre*.

De Biarritz à Bayonne (par Saint-Jean).

8 kilomètres : 40 minutes.

De Biarritz à Bayonne (par la Barre).

1 heure 3/4.

De Bayonne à la Citadelle.

20 minutes.

De Bayonne au Cimetière des Anglais.

30 minutes.

De Bayonne à Bidache.

Par l'Adour : (bateau) 3 heures.

Site ravissant ; ruines du château de la famille de Grammont. Mazarin s'y arrêta deux fois, comme il le parait par ses lettres à Anne d'Autriche.

A 10 kilomètres de là : château de *Guiche*, plus antique et plus délabré ; il y reste encore la vieille coutume des feux de la Saint-Jean.

De Biarritz à Saint-Jean-de-Luz.

(En voiture) 16 kilomètres : 2 heures.

De Biarritz à Saint-Pée (par Arbonne).

22 kilomètres : 2 heures.

Pays basque.

Joli village sur la Nivelle au pied de la *Rhune*.

De Biarritz à la Croix de Mouguerre.

14 kilomètres : 1 heure 40.

De Biarritz à Arcangues.

35 minutes.

Encore un joli village basque; situation délicieuse. Séparé d'Arbonne par le plateau de *Havausta*. Très jolie vue sur le cours de la Nive. Cambo et la mer.

Près de l'église, à l'ombre d'un groupe de chênes vénérables, le château de la très ancienne famille d'Arcangues.

De Biarritz à Guéthary.

35 minutes. Plage charmante, poétique et tranquille.

De Biarritz à Bidart, 1er village basque.

30 minutes.

De Biarritz au lac d'Irieux.

20 kilomètres. 2 heures 1/4.

« Endroit charmant, silencieux et exquis, un sanctuaire « dans le crépuscule de la forêt vierge, fait pour poètes et « rêveurs. » (Comte H. Russell.)

De Biarritz à Saint-Sébastien.

2 heures 1/2 en chemin de fer.

Résidence d'été de S. M. la Reine régente d'Espagne.

Grandes courses de taureaux en août.

Environs merveilleux.

De Biarritz à Fontarabie.

1 heure 1/2 en chemin de fer (1).

Fontarabie : une seule vieille, très vieille rue : la *Calle Mayor* faite de maisons étranges et anciennes avec pi-

(1) Chemin de fer jusqu'à Hendaye et Irun, ou voiture d'Hendaye à Fontarabie.

Retour sur la Bidassoa en barque.

Coin primitif de la vieille Espagne. Couleur locale du plus pur Moyen-Age.

Environs charmants.

gnons et balcons en fer ouvragé : vieux portails d'antan.

Du portique de l'église on domine la perspective moyen-âge et mauresque de cette rue vénérable. Dans le bas, elle est fermée par un porche merveilleux, laissant entrevoir sous son arcade : la Bidassoa et les Pyrénées !

Il faut voir l'église fort intéressante avec son *trésor* et sa sacristie.

La semaine sainte à Fontarabie est une pure merveille avec sa procession du Vendredi Saint gardée intacte à travers les siècles.

DEUXIÈME PARTIE

CLIMATOLOGIE PROPREMENT DITE

Ici nous devons aborder de front la question fondamentale de cette étude particulière, c'est-à-dire Biarritz, *station d'hiver*.

En France on n'envoie pas, ou on envoie très rarement passer l'hiver à Biarritz.

Pourquoi ?

Nous allons tâcher de répondre à cette question.

Il nous paraît, en premier lieu, que l'on confond à tort indistinctement les variétés infinies de malades réclamant un séjour hivernal en un climat différent de celui de leur pays d'origine ou d'habitude.

De là, des affirmations comme celles-ci : Telle station ne vaut rien : Il n'y a qu'une telle de bonne. Disons d'abord, avec Descartes : « La première condition pour trouver la vérité est de n'avoir aucun parti pris. »

Il y aurait beaucoup plus d'avantages pour chacun et pour tous, au lieu de dénigrer la station voisine, à se dire sérieusement que de même qu'en thérapeutique, *il n'y a pas, en fait de climats, de panacée universelle.*

Et une fois cette conviction enracinée d'une façon absolue, il faudrait étudier très profondément le rouage infini des ressources climatiques, parallèlement à l'étude des innombrables variétés non seulement des maladies, mais des malades dépendant d'une même diathèse.

Puis, cela fait, répartir suivant un jugement complet et rationnel : tel *cas* dans telle station climatique.

Et la pratique démontrera, d'une façon logique et irréfutable, que tel individu atteint d'une certaine maladie sera soulagé ou guéri dans tel endroit. Alors qu'un autre dépendant de la même diathèse à un premier coup d'œil superficiel, mais appartenant en réalité à une classe de maladies totalement différente (ou tout au moins à une branche spéciale et envoyé de ce fait dans la même station que le premier malade, sera non seulement privé des heureux résultats obtenus par celui-ci, mais encore verra son mal s'accroitre. Bien heureux quand la guérison ne sera pas absolument compromise !

Etudions donc tout d'abord le climat de Biarritz, *ses qualités et défauts*, et nous verrons alors que, comme station climatique hivernale, elle répond à des besoins spéciaux, à des cas particuliers, cas que nous relèverons sans peine autour de nous.

Biarritz est un climat marin de la côte ouest atlantique, « côte qui, sur tout le globe, a toujours une température plus égale et plus élevée ». (Dr Elevy.)

Climat tout spécial créé par l'Océan et par le passage du Gulf-Stream en vue des rivages sur lesquels la ville est bâtie.

Toute la côte ouest est soumise à cette influence, mais celle-ci est encore accrue dans le sud.

Le Gulf-Stream, ce courant chaud (1) dont la température moyenne est bien près de 30°, envoie dans le golfe de Gascogne une de ses branches : le *Rennel*. qui lèche toute cette partie du rivage.

A ce contact, les vents se réchauffent, perdent de leur rudesse primitive et contribuent à rendre le climat plus doux, tout en élevant son degré hygrométrique.

Ici, nous avons donc les avantages créés par le voisinage de la mer, mais rendus possibles pour ceux que les stations climatiques maritimes du Nord éprouveraient trop fortement. Ces avantages du climat marin sont :

1° *La constance* (2).— La température, en de telles régions,

(1) « La quantité de chaleur que le Gulf-Stream répand vers l'Atlantique dans une seule journée d'hiver, suffirait pour élever toute la masse d'air atmosphérique qui couvre la France et la Grande-Bretagne du point de congélation à la chaleur d'été. » (Maury.)

(2) Constance mitigée qui ne produit pas une uniformité par trop accentuée.

moins élevée en hiver que dans d'autres stations, n'y subit pas ces écarts violents si dangereux pour certains organismes. Le jour y est moins chaud, mais la nuit y est moins froide.

C'est un fait acquis que sur une même latitude, les températures extrêmes sont très considérables dans les continents, alors qu'elles diminuent d'autant dans le voisinage des côtes.

2° *La chaleur.*—On sait, en effet, que l'eau et le sol ne se comportent pas de la même façon vis-à-vis de la lumière solaire : source de chaleur. Le sol absorbe une quantité double de chaleur que ne le fait une masse liquide.

En de telles conditions, une partie de cette chaleur sert à la formation des vapeurs d'eau. La condensation de ces mêmes vapeurs a pour but de rendre à l'atmosphère cette chaleur.

3° *L'humidité*, qualité qui adoucit encore l'atmosphère. Un air trop sec est souvent par suite très irritable.

4° *La tonicité.* — Par suite de l'inhalation des éléments minéraux en permanence dans l'atmosphère marine.

Il n'est ni sédatif, ni excitant, a-t-on pu dire du climat de Biarritz, mais *tonique*. « La misère physiologique, cause et principe de tout le mal, a besoin, pour sortir de l'ornière, de l'impulsion tonique d'un climat approprié qui ne dépasse cependant pas les limites de la tolérance et des résistances vitales. » (Dr Le Roy.)

Ces qualités spéciales du climat maritime du sud-ouest, je me propose de les étudier en détail par la suite.

Disons maintenant que Biarritz est le modèle type d'un tel climat.

« C'est un *mezzo termine* entre la chaleur sèche et le froid humide. » (Le Roy.)

Voyons maintenant quels sont ses défauts (défauts, ne l'oublions pas, qui deviennent qualités pour plusieurs).

Nous dirons ensuite quelques mots des effets physiologiques et thérapeutiques. Ici se place une incidente.

On a essayé de démontrer que l'atmosphère marine était plutôt nuisible à la guérison de la phtisie. Le *Dr Rochard* (1)

(1) De l'influence de la navigation et des pays chauds sur la marche de la phtisie pulmonaire.

a produit à ce sujet une statistique qui lui semble irréfutable.

Nous ne la croyons pas telle.

Il est certain que l'on ne peut comparer la vie d'un marin et même d'un officier à celle d'un malade qui a le loisir et l'ordre de conformer sa vie à certaines règles.

Or c'est justement dans ce cas spécial que le Dr Rochard va chercher sa thèse.

Il prouve que la phtisie fait d'affreux ravages parmi les gens de mer et en conclut que les stations climatiques maritimes sont une erreur pour les phtisiques.

Nous ne partageons pas cette opinion.

Le marin est appelé à des changements brusques d'atmosphère, à des stationnements qui l'exposent aux pires intempéries.

Il est superflu d'ajouter que toute autre est la direction donnée à la vie d'un malade placé dans les conditions atmosphériques semblables.

Ce que l'on peut reprocher à Biarritz, c'est la très grande agitation de l'air.

D'abord cette station n'est pas naturellement abritée des vents d'Est.

Cet inconvénient peut être fortement pallié par un choix judicieux concernant l'habitation du malade, ainsi que par l'orientation des promenades suivant la direction du vent régnant dans la journée.

Les agitations de l'air, nuisibles parfois, sont utiles à quelques-uns.

« Les alternances de température, lorsqu'elles se produisent avec constance et régularité, n'ont pas longtemps d'influence nocive. » (Dr Bullemann.)

Il est certain que des variations subites et un peu considérables sont offensives pour les malades atteints d'affections pulmonaires.

Mais, sur la plus grande partie d'entre eux, une alternance modérée exerce une bienfaisante influence d'excitation et de tonification (Dr Lee).

La plupart des sujets scrofuleux ou lymphatiques, *venant du Nord* surtout, supporteront mieux un climat tel que celui de Biarritz qu'un autre sédatif et mou. Car l'air en mouvement n'est pas nuisible dans certains cas, bien au contraire. « La sédation, d'ailleurs, est antipathique à certaines natures ». (Dr Le Roy.)

En un mot, ce climat est précieux quand il s'agit d'une *influence générale sur une économie non encore menacée, mais qui pourrait l'être*, dans certains cas dépendant de ce que j'appellerai la médecine préventive ! Or combien nombreux sont-ils et de quelle importance !

Cette branche spéciale de la science comporte toute la médecine de l'avenir.

Elle seule résume et condense tous les desiderata possibles.

Encore une fois, ne disons pas : l'hiver est mauvais à Biarritz, mais *il est nuisible dans certains cas et excellent dans d'autres.*

Les deux pages suivantes sont le développement de ces deux affirmations :

1° « Il nous est acquis, par exemple, qu'il existe parmi ceux qui présentent quelque entache d'herpétisme actuel ou en germe héréditaire, des natures d'une telle impressionnabilité, qu'elles n'affrontent pas sans dommage la moindre saute de vent : de telle sorte qu'elles sont ici plus qu'ailleurs, à la merci du nuage qui passe ou de la brise qui s'élève.

« Il peut arriver que ces malades soient surpris au dehors sous un ciel pur, par un brusque courant d'air un peu plus frais. Il n'en faut pas davantage pour motiver instantanément chez ceux-là un peu d'enrouement et de malaise, avec du picotement à la gorge.

« Le lendemain tout le pharynx est déjà rouge, arborisé. L'inflammation peut irradier de là, et pour une petite cause, jusqu'aux premières voies bronchiques ; or, c'est là qu'est le danger. A ces excessives susceptibilités nous n'avons pas besoin de dire que le climat de Biarritz, malgré ses mansuétudes, peut devenir contraire et que vis-à-vis d'elles il est toujours inopportun. »

2° « Pour nous résumer, nous disons qu'en général la station de Biarritz convient à la phtisie torpide, surtout alors que déjà l'épreuve est faite du climat méditerranéen et que le malade ou bien en a bénéficié ou redoute désormais l'excès d'excitation qu'il en pourrait ressentir. Elle convient encore à la forme éréthique, parce que dans l'application du traitement sédatif, il vient un moment, *du moins pour quelques-uns des malades*, où sont atteintes les limites bienfaisantes du climat de Pau ou de Dax. A cette heure les fonctions sont alanguies, le malade est sans appétit et partant sans force, tout son être est comme chloroformé, incapable de réaction ni physique ni morale. Cette heure est dangereuse à prolonger ; il faut à tout prix brusquer le départ ; Biarritz s'ouvre à ce moment comme la terre promise. » (Dr Le Roy.)

Disons maintenant rapidement les principaux résultats produits par l'air marin. Les qualités spéciales de cet air ont des effets particuliers :

1° Sur la respiration ralentie après avoir été accélérée ;

2° Sur les sécrétions qui, augmentées d'abord, finissent par atteindre leur minimum ;

3° Sur l'appétit qui augmente et sur la digestion qui est plus active ; par extrême : tendance à la phéthore et à la constipation.

Enfin, le voisinage de la mer a une action curative exceptionnelle. Qu'on l'explique d'une façon ou de l'autre, elle existe d'une façon frappante.

L'absorption des molécules salines agit dans la scrofule, dans certaines dysenteries.

D'après le Dr Robert, la précipitation immédiate de l'acide urique est empêchée par la présence des substances salines.

Enfin, un autre docteur anglais déclare le sel un préservatif dans la formation des calculs.

Ces quelques jalons principaux une fois posés, je me propose maintenant d'étudier en détail et séparément les facteurs du climat de Biarritz.

Et cela pour arriver à déterminer les indications et contre-indications de ce climat très spécial.

CHAPITRE Ier

HUMIDITÉ

1° Vapeur d'eau. — L'humidité est l'un des principaux agents de modifications d'un climat. Elle est de deux sortes : *absolue* ou *relative*.

On appelle *humidité absolue* le chiffre exprimant la pression de la vapeur d'eau ; et *humidité relative* la proportion d'eau contenue dans un certain volume d'air, comparé à la proportion contenue dans ce même volume d'air, à l'état dit de saturation. Il faut ajouter à ce rapport, le degré exact de température. Car plus l'air est chaud, plus il peut dissoudre de vapeur d'eau.

Un air marin est toujours fortement saturé d'humidité.

A Biarritz, le degré d'humidité relative moyenne, mesurée au psychromètre, est de 75, variant entre 68 et 80.

Il en est de même pour toute cette côte sud-ouest Atlantique ; la source principale de la vapeur d'eau étant l'Océan, source d'autant plus importante que la température de la mer est plus élevée.

De plus, les vents d'ouest amenant l'air chargé de l'humidité qu'ils ont enlevée à la mer, augmentent encore le degré d'hygrométrie relative.

Ceci explique les moins grandes transitions de température de ce climat adourien. En effet, l'air sec accélérant l'évaporation à la surface des êtres vivants ou des plantes, amène par suite un refroidissement, conséquence de cette évaporation.

Cette humidité de l'air de Biarritz est un avantage du climat avec lequel il faut fortement compter pour certains malades. En effet, dans un air sec « par suite de l'abondance et de la rapidité de l'évaporation cutanée et pulmonaire, l'insuffisance du degré hygrométrique soustrait une notable quantité d'eau à l'organisme et augmente en conséquence la concentration des produits liquides normaux et pathologiques ; cette influence se fait surtout sentir sur les crachats, dont la viscosité accrue rend l'expectoration difficile, et sur l'urine, qui devient rare, condensée et haute en couleur ». (Dr Jaccoud.)

« Cette qualité hygrométrique de l'air exerce également une action sédative sur l'appareil respiratoire et sur les centres nerveux ». (Dr Moeller.)

Le voisinage du Gulf-Stream, déjà cité, « contribue encore à donner à ce climat des conditions d'égalité et de tiédeur MOITE si salutaire aux phtisiques pendant la saison froide ». (J. Arnould. (1)).

Notons aussi, et c'est un fait important à signaler, qu'une particularité des climats marins est qu'ils jouissent de la « *même constance dans leur état hygrométrique que dans leur état thermique* ». (Dr Lalesque.)

En effet, il est tout aussi mauvais de passer brusquement d'une grande sécheresse à un état atmosphérique très humide, que de subir une grande transition du froid au chaud.

Du reste, ces deux phénomènes ont une étroite corrélation. « Les bords de l'Atlantique, sans cesse humectés par les vapeurs d'eau qui s'élèvent de l'Océan, sont exposés directement à l'influence de l'énorme masse liquide dont la température est égalisée par des courants constamment mélangés.

« Ces contrées riveraines jouissent d'un climat essentiellement maritime, et l'écart entre les plus fortes chaleurs et les plus grands froids de l'année y est relativement faible. C'est à cette évaporation constante que le climat girondin doit d'être doux, humide, constant, tandis que le climat méditerranéen est de beaucoup plus inégal par ses brusques passages des pluies aux sécheresses. » (El. Reclus.)

A Saint-Martin-des-Landes, qui peut servir de situation type de la côte Sud-Ouest, on a relevé dans l'observatoire les données suivantes : « la moyenne de l'humidité relative est de 79 % ; le maximum est en octobre et novembre avec 83 % ; le minimum de 76 % ». (Dr Elevy.)

Voici un relevé de l'humidité moyenne à Biarritz pendant l'hiver 1863-64, dû au Docteur Ottley, médecin anglais :

(1) Ceci est vrai pour toute la région Sud-Ouest.

Moyenne prise à 9 heures du matin.

1863-64	Novembre	81
	Décembre	83
	Janvier	89
	Février	84
	Mars	80
	Avril	80
	Mai	82

Le Dr *Duhourcau* donne un tableau d'hygrométrie moyenne à Biarritz, avec maxima et minima, et cela pendant trois années consécutives : 1888, 1889 et 1890.

Hygrométrie moyenne.

MAXIMA.

	1888	1889	1890
Hiver	84	84	69°
Printemps	81	79	75
Eté	84	84	77
Automne	84	85	77

MINIMA.

Hiver	61	65	»
Printemps	59	59	»
Eté	62	66	»
Automne	60	59	»

2° NUAGES. — « Toutes les fois que deux vents saturés d'humidité se rencontrent, il se produit des nuages (Dr ELEVY).

Une trop grande quantité de nuages nuirait à la luminosité d'une station.

En quantité modérée, ils forment écran, empêchant la trop grande déperdition dans l'espace de la chaleur absorbée pendant le jour. Cela est précieux surtout pendant les nuits d'hiver qui sont alors moins froides.

A Biarritz où pendant l'hiver le temps est parfois nuageux, les nuits sont douces.

On appelle lignes *isonèphes* les lignes tracées sur une

carte, et réunissant les points où la nébulosité est la même. « La ligne 60 passe par Biarritz, puis au-dessous de Paris, de Vienne et remonte vers la Russie. » (Dr Elevy.)

La nébulosité moyenne annuelle est de 5, avec des maxima de 6 et 7 en hiver et des minima de 5 en été et en automne. (Dr Lobit.)

3° Brouillards et brumes. — Le brouillard de terre est plus malsain par suite des germes morbides et des poussières qu'il contient : on le voit peu à Biarritz.

Les brumes de mer sont plus fréquentes. On les observe souvent au moment des fortes marées, et cela même en plein été par le ciel le plus clair et sans que le temps devienne précisément mauvais.

Citons encore un tableau du Dr *Duhourcau* donnant les moyennes des jours nuageux ou brumeux à midi ; moyennes saisonnières durant les trois années de 1888, 89 et 90.

Nébulosité à Midi.

	1888	1889	1890
Hiver	7	7	7
Printemps	6	6	6
Eté	5	5	6
Automne	6	5	5

4° Régime des pluies. — Le voisinage de la mer et des montagnes, les relations avec les vents humides, l'état élevé d'hygrométrie (1), sont autant de causes qui influent sur le régime des pluies à Biarritz comme sur toute cette côte.

La quantité des pluies est en effet plus grande près de la mer. Quant aux montagnes, elles agissent comme paravent froid, condensant la vapeur contenue dans l'air.

« Enfin les conditions pluviales sont en étroite relation avec les vents, avec leur température, leur hygrométrie, leur vitesse et leurs conditions électriques. » (Dr Moeller.)

Les vents d'Ouest et de Sud-Ouest étant fréquents à Biarritz, amènent avec eux les pluies.

(1) Cela n'est pas toujours le cas pourtant : Une station peut avoir un air très humide et être dépourvue de pluies. » (Dr Moeller.)

En France, les pluies les plus abondantes sont en mai et en octobre. Dans le Sud-Ouest, il y a un troisième maximum en mars, tandis que juillet est le mois le plus sec.

Il tombe en moyenne à Biarritz une quantité annuelle de 1066 mm. 9. (Dr GIBOTTEAU.)

Cette moyenne ne peut avoir de valeur que par rapport au nombre de jours pluvieux, car dans un même endroit, il peut tomber plus d'eau et pleuvoir moins souvent tout à la fois.

L'abondance des pluies n'est pas un mal, quand elle ne vient pas entraver le séjour des malades à l'air libre :

1° Par sa durée ;

2° Par l'imperméabilité d'un sol gardant une humidité devenant alors nuisible (cause directe de bien des brouillards).

Les moyennes que nous allons donner écartent pour Biarritz cette première hypothèse.

Ce que nous avons déjà dit sur la nature du sol qui est très perméable, détruit la seconde (1).

Dans ces conditions la pluie est un bienfait. Elle lave l'atmosphère (2) comme on a pu le dire, emportant les microbes et les poussières et augmentant pendant sa durée l'état ozonique de l'air. Il faut bien ajouter aussi que quand il pleut dans ces régions il fait plus froid ; non d'après le thermomètre, mais comme *impression*. Cela tient à ce qu'au bord de la mer la pluie est la plupart du temps accompagnée de vent.

D'après le Dr *Raillard*, les jours de pluie seraient à Biarritz, par *année*, de 103.

D'après le Dr *Gibotteau*, la moyenne par an serait de 133,7 jours dont 71,1 de grande pluie et 62,6 de petite pluie.

Voici maintenant les moyennes des jours pluvieux par saison.

(1) Grâce à la constitution géologique du sol à prédominance calcaire, à la déclivité des terrains ondulés, et surtout au peu de continuité des averses, l'humidité ne demeure pas à la surface. A part les jours de tempête équinoxiale, il est bien rare que quelques heures de sortie ne soient pas possibles aux malades vers le milieu du jour. (Dr LE ROY.)

(2) D'après Franckland, un litre d'eau de pluie lave 300 litres d'air.

Nombre de jours de pluie.

	1888	1889	1890
	—	—	—
Hiver............	40	51	30
Printemps	38	46	48
Eté..............	40	43	24
Automne	35	41	30
Total de l'année...	153	181	132

Nous relevons les moyennes mensuelles dans des ouvrages anglais durant 6 années 1863-68.

Jours de pluie.

1863.	Octobre........................	10
	Novembre......................	11
	Décembre	10
1864.	Janvier........................	5
	Février	7
	Mars	13
	Avril	6
	Octobre	6
	Novembre.....................	12
	Décembre.....................	12
1865.	Janvier	7
	Février	14
	Mars...........................	17
	Avril	9
	Octobre.......................	11
	Novembre.....................	9
	Décembre.....................	11
1866.	Janvier	7
	Février	14
	Mars...........................	17
	Avril	9
	Octobre........................	11
	Novembre.....................	9
	Décembre.....................	11

1867.	Janvier	13
	Février	9
	Mars	12
	Avril	13
	Octobre	12
	Novembre	2
1868.	Janvier	11
	Février	6
	Mars	16
	Avril	7

Dans les journées même pluvieuses, on peut trouver le plus souvent des heures pour la promenade.

CHAPITRE II

ALTITUDE, PRESSION BAROMÉTRIQUE ET ÉTAT ÉLECTRIQUE

La pression barométrique n'est pas toujours égale au niveau de la mer.

Elle est un peu plus élevée dans les zones tempérées que sous les tropiques.

Mais c'est toujours au bord de la mer qu'elle est la plus forte ; là, la moyenne est de 762^{mm}.

A mesure que l'altitude augmente, la pression diminue

Les effets d'une forte pression barométrique sur la circulation et la respiration sont très importants.

Nous les avons déjà signalés dans notre étude sur Arcachon.

« Il est dificile d'établir l'action physiologique des variations périodiques ou non, de la pression barométrique, parce qu'elles sont toujours liées à d'autres facteurs (chaleur, hygrométrie, vent, électricité).

Cependant on sait que l'augmentation de la pression produit un agrandissement de la capacité pulmonaire, un ralentissement des mouvements respiratoires et des battements cardiaques et une augmentation de la force du pouls ; en même temps le sang absorbe une plus grande quantité d'oxygène et exhale plus d'acide carbonique.

Enfin l'appétit est ordinairement accru ». (D^r^ Mœller.)

« La pression maximum au bord de la mer est donc une condition des plus favorables pour la fonction de l'hématose. Elle contribue à dissiper les causes d'anémie, facilite les échanges gazeux du poumon et active les combustions organiques ». (Dr Elevy.)

A 20^{m} d'élévation, correspond 1^{mm} d'abaissement de la pression barométrique. A Biarritz, où la ville est disposée en amphithéâtre, on peut tirer certains résultats pratiques de la position de certains points qui sont situés à 70^{m}.

Ces différences ne peuvent agir que dans des limites fort restreintes.

Cependant, donnons le tableau suivant en indiquant les différences de hauteurs de certaines villas et hôtels, ainsi que l'indication des trois zones d'habitations encerclant les plages.

Autour de la Grande Plage.

	Altitudes.
Le Phare	42m.
(32 m. d'élévation au-dessus du sol).	
Palais-Biarritz	14
Château de Noailles	38
Château de la Roche-Ronde	36
Observatoire de Biarritz	6
Hôtel Continental	11
Hôtel Victoria	14
Château Duchâtel	14
Villas O'Shea, Abadie, Olivier	20-23
Cercle de l'Union	23
Château de Larralde	20
Club Anglais	17
Château de Javalquinto	20-26
(duc d'Osuna).	
Grand Hôtel	26
Place de la Mairie	29
Casino	26
Hôtel d'Angleterre	26
Place Sainte-Eugénie	20
Atalaye	34

Autour de la Côte des Basques.

Villa Hamilton	35
Villa Pignatelli	35
Château Heeren	47
Villa Montmorency	47

Deuxième zone.

Villa Frias	29
Villa Sapieha	29

	Altitudes.
Villa Bon-Air	42
Villa Saint-Joseph	50
Villa des Trois-Fontaines..	34

Troisième zone.

Villa La Rochefoucauld	31
Château de Gramont	62
Château Boulard	62
Chateau Tamames	60
Villa Woodwille	62
Villa Marie	62
Eglise paroissiale	65

dû au plan de M. Ardoin, d'après Dr ELEVY.)

Becquerel prend comme moyenne de la pression barométrique au bord de la mer : 761 mm.

C'est plutôt un chiffre un peu faible comme moyenne générale à Biarritz, la pression atmosphérique est de 765 en moyenne, avec des différences mensuelles de 762 en novembre à 768 en juillet (observations depuis 1884) (1).

On observe à Biarritz une certaine fixité de la colonne mercurielle, fait qui a son importance pour la plupart des malades.

En effet, sur certains d'entre eux, les perturbations de cette nature provoquent des réactions aussi violentes que rapides, souvent avec résultats désastreux.

D'après le Docteur Le Roy, on pourrait même signaler une aggravation ou une amélioration dans l'état morbide, suivant l'élévation ou la baisse de la pression barométrique.

Etat Electrique.

Tous les auteurs s'accordent à dire que la plus ou moins grande électricité d'un climat a une grande importance. Il existe de plus une relation certaine entre l'état électrique d'un climat et ses propriétés *toniques* ou.... *sédatives* !

Les conditions de l'état électrique varient avec l'altitude,

(1) Docteur Lobit. Contribution à l'étude de Biarritz-médical, 1897.

le temps, les saisons, les heures mêmes de la journée. etc.

« L'électricité abonde dans l'air marin.

« Et cela en même temps que l'ozone ; la cause principale de sa formation est la condensation de la vapeur d'eau. Le plus souvent, elle est *négative* quand le temps est couvert, et *positive* quand le ciel est serein. Elle a deux minima et deux maxima quotidiens, comme la chaleur et l'humidité, qu'elle suit dans leurs oscillations. » (Dr Elevy.)

Cependant les orages sont rares au bord de la mer, car l'atmosphère marine est chargée d'électricité qui se combine sans étincelle et sans éclair ; tandis que sur terre il y a accumulation et décharge brusque. Cela provient de ce qu'un air presque saturé d'humidité agit comme bon conducteur, sorte de paratonnerre naturel neutralisant lentement les électricités de noms contraires.

Malgré cela, d'après les observations personnelles du Dr Elevy, « les phénomènes nerveux dus aux grands mouvements atmosphériques sont plus accentués au bord de la mer. »

Pour certaines natures, ce climat peut donc être parfois très excitant, surtout avant que l'organisme y soit acclimaté.

D'autres, au contraire, bénéficieront des qualités physiques de cet air spécial dont la conséquence est une réelle *tonicité*.

CHAPITRE III

LES VENTS

Le climat d'une station peut être complètement modifié par le régime de ses vents.

Non seulement les vents ont des natures fort diverses qui leur sont propres, mais encore ils sont les messagers d'autres climats, apportant avec eux le froid ou la chaleur, la sécheresse ou l'humidité. Ce sont encore eux qui transportent, suivant leur provenance, les poussières ou les germes malsains, les principes vivifiants et purs.

Les avantages que procurent les vents sont d'entretenir la pureté de l'air qu'ils déplacent et renouvellent. Ils jouissent d'une certaine propriété stimulante qui aguerrit l'organisme, à la condition que celui-ci présente une certaine force de résistance.

Le désavantage occasionné par les vents est de provoquer un refroidissement en enlevant à la surface des corps une certaine quantité de calorique ou quelquefois en desséchant ces mêmes surfaces.

Enfin, dans certains cas, ils accroissent fortement l'irritabilité nerveuse.

Tout cela dépend de la direction du vent et aussi de son caractère propre qui est souvent modifié, non seulement par la configuration géographique d'une station ou de ses entourages, mais encore par la transformation de son caractère suivant les saisons. Et cela dans les mêmes climats.

Le tableau suivant indique ces particularités pour Biarritz.

Régime des vents.

VENTS.

Origine.	Direction.		Frais. Froids.	Chauds.
Mer.	Nord-Est. Nord-Ouest. Ouest-Sud-Ouest.	Eté..	Ouest. Sud.	Nord-Est. Est.
Terre	Sud-Ouest. Sud-Est. Est-Nord-Est.	Hiver	Nord-Est. Est.	Ouest. Sud.

CARACTÈRES. (1)

Voici un tableau anglais relatif à la direction des vents pendant une période de cinq années.

Winters from 1863 to 1868 (2).

		Prevailing wind (3)
1863.	Octobre.................	W.
	Novembre..............	W.
	Décembre...............	W.
1864.	Janvier.................	W.
	Février.................	S. W.
	Mars....................	N. W.
	Avril..................	N. W.
	Octobre................	W.
	Novembre..............	W.
	Décembre..............	E.
1865.	Janvier.................	W.
	Février.................	N. W.
	Mars....................	N. W.
	Avril.................	W.
	Octobre................	W.
	Novembre..............	W.
	Décembre..............	W.

(1) Tableau établi approximativement d'après les données du Dr Elevy.

(2) *Hivers de 1863 à 1868.*

(3) *Vents dominants.*

1866.	Janvier	W.
	Février	W.
	Mars	W.
	Avril	W.
	Octobre	W.
	Novembre	W.
	Décembre	W. E.
1867.	Janvier	W.
	Février	E. W.
	Mars	W. N. W.
	Avril	W. N. W.
	Octobre	N. W.
	Novembre	E. N. E.
1868.	Janvier	N. E.
	Février	W. S. W.
	Mars	W. S. W.
	Avril	E.

(Dr CHAPMAN.)

Biarritz est assez abrité au Nord-Est par les forêts de pins des Landes ; au Sud, par les montagnes. L'Est est seul à découvert ; on y remédie par le choix de l'exposition des habitations et des promenades ; du reste, le vent d'Est n'est pas le vent dominant à Biarritz.

Les vents les plus fréquents sont les vents d'ouest, vents de la mer, vents sains par excellence.

« Le vent des côtes ou brise marine est très connu. Vers midi, une douce brise souffle de la mer ; la nuit, le vent tourne en sens inverse de la côte vers la mer. Et l'été, au jour, quand la côte est très échauffée, l'air s'y raréfie ; le vide appelle l'air marin plus frais ; la nuit, la terre se refroidit plus vite que l'eau, et c'est l'air marin qui produit l'appel d'air du continent. Ce vent local des côtes, très sensible à Biarritz, opère une sorte de ventilation journalière qui égalise la température et empêche aussi les variations brusques. C'est ainsi que les plus fortes chaleurs de l'été deviennent très supportables grâce à la brise de mer, d'autant plus active, que la journée est plus chaude. » (1) (Dr ELEVY.)

(1) Le malade stationnant sur la plage doit s'en préserver le plus possible, car rien n'est plus perfide que les courants d'air en plein soleil.

Ces vents de mer jouissent, de plus, de propriétés qui sont la caractéristique du climat, car ils sont *tièdes* et *humides* ; tièdes, ils le deviennent en frôlant le Gulf-Stream, humides, car ils empruntent à la mer beaucoup de vapeur d'eau.

Ce sont les vents d'ouest qui provoquent surtout en automne les pluies qui alors ne sont pas froides.

Aux équinoxes, arrivent les tempêtes, mais les grandes bourrasques sont annoncées une dizaine de jours d'avance et la dépression est parfois précédée d'une élévation extrême et insolite de la colonne mercurielle.

Donnons encore quelques indications, dues à divers auteurs, sur le régime des vents à Biarritz :

« Novembre, décembre, janvier, février et mars sont soumis à la presque constante influence des vents d'ouest ou de sud, qui sont imprégnés d'éléments salins. Les vents d'est sont froids et amènent des pluies fines. » (M. LOMBARD.)

« Les vents dominants sont de l'ouest, du sud-ouest et du sud, et ils sont les plus forts. Les vents de nord et d'est, très froids l'un et l'autre, soufflent rarement. » (Comte H. RUSSELL.)

« Il n'est pas facile de porter un jugement équitable sur le très variable climat de Biarritz. Le contraste entre son climat et celui de Pau, qui en est distant de 60 milles seulement, est vraiment étonnant. Tandis qu'à Pau, l'atmosphère est aussi calme que tranquille et le vent à peine connu, à Biarritz, l'air est presque continuellement agité ; mais en faveur de cette dernière station, il faut bien établir que la température est légèrement plus élevée que celle de Pau, spécialement le soir et la nuit. » (Comte H. RUSSELL.)

CHAPITRE V

LA LUMINOSITÉ

Nous avons déjà amplement démontré les bénéfices à retirer de la luminosité.

Voyons à quel degré elle existe à Biarritz.

C'est là justement un de ses avantages les plus frappants, prouvé par ces paroles que vous entendez à chaque instant : « *par exemple à Biarritz, il n'y a pas assez d'ombrage !* »

Ce reproche est justement une affirmation d'une des plus réelles qualités de cette station, car on y trouve « une éclatante radiation solaire, à laquelle rien ne fait obstacle ». (Dr Le Roy.)

Nul n'ignore les effets de la luminosité sur les plantes. Sur certaines natures délicates, sur les petits enfants chétifs, on peut presque dire que le soleil agit de même (1).

Quand, après une absence, vous rentrez dans une grande ville (Paris par exemple), en venant d'un endroit jouissant de précieuses qualités climatiques, vous êtes frappé des teints blafards de ceux que vous croisez. Certes on peut expliquer cela par l'impureté de l'air vicié des grands centres. On peut certainement y ajouter, comme cause, l'absence de la lumière gênée à chaque instant par les obstacles de toute sorte qui l'arrêtent dans son œuvre bienfaisante, œuvre de vie et de purification.

Cette qualité frappante de la lumière à Biarritz est d'autant plus remarquable que, généralement dans un air riche en vapeur d'eau, la luminosité est beaucoup moins intense.

Le soleil est la grande source de chaleur répandue sur la terre.

L'état d'une atmosphère influe sur la quantité de chaleur

(1) Les expériences d'Edwards ont fait voir que la lumière était indispensable pour que le corps puisse se développer suivant les proportions qui permettent de réaliser le type parfait de l'animal.

reçue par un endroit. En effet, un air dépourvu d'humidité se laisse traverser sans qu'il y ait aucune déperdition de chaleur. Au contraire, un air saturé ou riche en vapeur d'eau retient plus de chaleur.

Cette cause et quelques autres modifient les calculs purement théoriques établis sur les quantités de calorique reçu.

Enfin, l'intensité des rayons chimiques solaires varie avec la hauteur même du soleil.

Cette intensité est de moitié moindre dans nos pays tempérés qu'à l'équateur; mais « ce rapport augmente d'un tiers par l'action de la lumière diffuse et la clarté de l'atmosphère qui agit comme régulateur de la lumière solaire ». (Dr Elevy.)

La lumière solaire étant très forte à Biarritz, on peut en conclure qu'il en est de même par conséquent pour la clarté de son atmosphère et vice versa.

Pourquoi ne pas parler également de l'influence morale exercée par le soleil ? elle est considérable.

Non seulement, en elle-même elle réchauffe et réjouit, mais elle transforme le paysage entourant le malade.

Comme par un coup de baguette magique, la clarté succède à l'ombre ; les teintes gaies, vivantes, dorées et chaudes, aux tons froids, gris et ternes. Et de même que les nuages se dissipent, que les nuées s'écartent pour donner passage à ce dieu des anciens, au soleil royalement glorieux, de même par une affinité étrange, l'esprit du malade s'éclaire, les pensées sombres fuient, tristes compagnes ! tandis que les idées plus douces, sœurs compatissantes, rafraîchissent le pauvre cerveau troublé.

Par les yeux, la joie entre tranquillement, comme un flot de lumière très calme et très profond, pour pénétrer jusqu'au fond l'être meurtri et souffrant !

Relation intime, très mystérieuse entre l'état du ciel et notre âme ! !

CHAPITRE VI

PURETÉ DE L'AIR. OZONE. SALUBRITÉ

La pureté de l'air est une des qualités les plus essentielles à une station climatique.

Elle dépend des qualités naturelles propres à cette station, des modifications qui y sont apportées par l'homme et des habitudes hygiéniques locales.

Une des qualités propres au climat marin est justement la pureté de l'air qui, au bord de la mer, renferme moins de poussières organiques et minérales que dans les continents.

Cela tient à plusieurs causes.

1° A la fréquence des vents d'ouest : grands purificateurs.

2° A la fréquence des pluies qui débarrassent l'air des germes malsains, poussières, etc.

Enfin, cela tient aussi à la présence de l'ozone qui est considérable au bord de la mer (1).

On a dit que la présence de l'ozone était justement un désavantage pour les maladies respiratoires, ce gaz provoquant de grandes irritations.

Citons l'opinion du Dr *H. Weber* à ce sujet :

« La quantité d'ozone, dit-il, qui se trouve dans l'atmosphère est très petite, elle dépasse rarement 1 pour 10,000. A un moment donné, on a cru que sa présence dans l'air favorisait les inflammations aiguës ; c'est une opinion que l'on doit modifier. Il est vrai que les expériences physiologiques ont montré que l'ozone plus ou moins concentré détermine une irritation très vive des muqueuses ; mais ce

(1) A Biarritz, l'ozone est en moyenne de 16 avec une moyenne maximum mensuelle de 19 en octobre et 18 en novembre et décembre, et une moyenne minimum de 13 en septembre et de 15 en août. (Dr Lobit.)

n'est pas le cas pour des quantités aussi petites que celles qui sont contenues dans l'atmosphère. »

A côté de cela, les observations sur l'ozone donnent lieu à des résultats précieux. Ainsi ce gaz n'existe pas au voisinage des lieux à atmosphère viciée pour une cause ou autre.

Thenard et d'autres auteurs lui accordent ainsi un pouvoir désinfectant très considérable.

Binz de *Bonn* déclare que l'ozone a des propriétés soporifiques.

A Biarritz, cet effet sédatif contre-balancerait donc les propriétés légèrement exitantes de cet air, tout en ajoutant à ses qualités toniques.

Le sel contenu dans l'air marin aurait aussi une certaine influence purificatrice, le sel agissant alors comme antiseptique.

Le *D*r *Despagnet* (de Paris) qui exerce à Biarritz pendant deux mois d'été, a observé l'absence de suppuration à la suite d'opérations sur l'œil, autre preuve de l'antisepsie naturelle à cet air.

Tous les médecins du pays connaissent des résultats similaires.

Dans ce milieu aseptique, ozonique et salé, les microbes ne peuvent « que mourir », comme on l'a dit fort justement.

Le Dr *Affre* attribue à la pureté de l'air à Biarritz le nombre fort minime des maladies courantes, l'innocuité des germes épidémiques.

« Quoique Biarritz ait doublé depuis 1872 sa population, l'épidémie de choléra de 1885, qui a ravagé l'Espagne et qui a fait des victimes dans les villes voisines, n'a pas touché cette ville. » (Dr Elevy.)

Il semble donc que tout ceci forme une base excellente pour une cure climatique se rapportant à certaines formes de la phtisie, car par l'air seul on arrive à la plaie intérieure du poumon.

Enfin ces admirables conditions naturelles sont complétées par la salubrité de la ville elle-même.

L'écoulement des eaux de pluie et des eaux ménagères est régularisé par un système de *canalisation*, etc., etc.

Ces conditions d'organisation, bien que ne valant pas celles de Pau, sont cependant excellentes.

La pureté de l'air à Biarritz est rendue frappante par la transparence de ce même air, citée comme remarquable par plusieurs :

« Par les temps sereins, l'atmosphère est d'une telle clarté que les pics distants de 80 à 90 milles sont parfaitement visibles à l'œil nu. Du sommet du Phare, la vue s'étend du Pic du Midi de Bigorre au cap Machichaco, près de Bilbao, en tout environ 150 milles. » (Comte H. Russell.)

Cette transparence de l'air produit à Biarritz et sur la côte les mêmes effets enchanteurs que sur les bords de la côte d'Azur.

De jour, elle s'étend sur tout l'horizon lumineux et très clair, laissant percer au loin la vue émerveillée.

Le soir, elle donne les nuits poétiques d'Orient, douces et pleines de langueur.

Les cieux sont alors aussi bleus qu'en plein jour, mais d'un bleu sombre, d'un bleu de velours foncé.

Et dans cette tiédeur resplendissent les étoiles dorées et scintillantes qui semblent alors plus proches dans cette clarté infinie.

CHAPITRE VII

LA TEMPÉRATURE

Nous n'avons pas à répéter ici ce qui a été dit dans l'Introduction au chapitre correspondant à celui-ci.

Nous voulons simplement prouver que Biarritz est le type de ce climat Atlantique Sud-Ouest au point de vue thermique, comme à tous les autres.

En effet, le régime thermologique de cette station est lié à toutes les causes influant sur la température littorale Sud-Ouest.

De ce que deux villes ont la même latitude, il ne s'ensuit pas fatalement qu'elles possèdent la même température. Si cela était : « Dax et Nice auraient un climat également chaud ; de même, Biarritz et Cannes, Pau et Hyères (ou plus exactement Saint-Tropez).

« Tandis qu'*Argelès*, assis exactement sur le 43e parallèle jouirait d'une température supérieure à celle des localités les plus méridionales du littoral méditerranéen. » (Dr GANDY.)

Nous n'avons pas à donner les raisons pour lesquelles il n'en est pas ainsi en général. Il s'agit de chercher en ce moment quelles sont les causes de la modalité thermologique propre à Biarritz.

De ces causes, nous ferons découler naturellement les caractéristiques de ce climat.

La chaleur est fournie par le soleil.

La quantité de cette chaleur donnée est plusieurs fois modifiée.

1o Ce calorique traverse l'air dont les éléments gazeux sont *diathermanes*.

Cependant, par la vapeur d'eau, l'atmosphère (quand elle en contient) absorbe une quantité de chaleur proportionnelle à son degré hygrométrique.

2o Le sol absorbe du calorique fourni par le soleil.

3° Il se produit dans l'espace un rayonnement de ce même calorique.

Voyons maintenant comment ces principes théoriques se comportent en réalité par rapport à la station qui nous occupe.

1° La luminosité est remarquable à Biarritz qui reçoit une quantité considérable de calorique.

De plus l'air est riche en vapeur d'eau. De nombreux avantages sont la conséquence de ce fait.

En effet, d'après *Melloni* et *Tyndall*, la vapeur d'eau se laisse beaucoup moins facilement traverser par le calorique provenant du sol terrestre, que par les rayons solaires directs.

Il en résulte que l'hygrométrie si forte de Biarritz est une source d'élévation de la température, jouant à la fois un double rôle : en absorbant du calorique d'une part, et en empêchant la déperdition de la chaleur emmagasinée par le sol, d'autre part.

2° Les rayons solaires sont envoyés sur la surface terrestre.

Celle-ci ne se comporte pas de même suivant qu'il s'agit d'une surface *solide* ou *liquide*.

La chaleur rayonnée du soleil est plus ou moins augmentée par réflexion, selon la nature de la substance réfléchissante.

Frankland, comparant les réflecteurs naturels et artificiels, les divise en deux catégories.

« Dans la première classe on trouve les plaines de neige, les roches peu colorées et en général les surfaces claires ; dans la seconde, la mer et les étendues d'eau intérieures.

« Plus la hauteur du soleil est faible et plus l'augmentation de la chaleur par réflexion de l'eau est élevée ; *en hiver cela a donc le grand avantage de faire disparaître le froid du matin et du soir.* » (*D*[r] *H. Weber.*)

Biarritz n'est-il pas dans ces conditions, avec ses qualités de climat marin ?

Enfin, la température peut être élevée ou abaissée par différentes causes secondaires.

1° Elle est élevée par la mer et le voisinage des courants marins chauds.

« Dans les régions tempérées, le voisinage de la mer rentre dans les influences calorifiques *en hiver.* » (Dr *H. Weber.*)

Le Gulf Stream est une source de chaleur, comme nous l'avons déjà dit : l'une de ses branches, *le Rennel*, longe la côte sur laquelle est située Biarritz.

2° Il est bien connu que les côtes ouest ont une température plus élevée que celle des côtes est.

Cela est prouvé par les lignes isothermiques qui, toutes, vont en *s'infléchissant de l'ouest à l'est.*

Et si l'on considère plus spécialement les courbes isothermiques *mensuelles*, on voit que le sud-ouest français « n'a pas plus froid en janvier que la région méridionale de Valence à Marseille, à la condition de toucher à la bande littorale atlantique ». (*Jules Arnould.*)

3° La prédominance des vents du sud et de l'ouest *en hiver.* Théoriquement parlant, ils sont à peine plus chauds que l'air ambiant. Mais, en pratique, leur pouvoir calorifique est bien supérieur à celui que le thermomètre indique.

En effet, « ils apportent une quantité considérable de vapeur d'eau, qui, en se condensant sous forme de pluie ou de neige, met en liberté la chaleur latente grâce à laquelle elle était passée de l'état liquide à l'état gazeux, dans les régions tropicales ». (Dr *H. Weber.*)

4° La sérénité du ciel pendant les mois d'été.

Nous voyons que Biarritz réalise successivement toutes ces conditions climatologiques.

Parmi les causes qui peuvent abaisser la température d'un lieu, on peut citer :

La présence des courants marins froids ; les forêts étendues ; en été, un ciel nuageux et un air brumeux empêchant la lumière ; en hiver, un ciel trop pur favorisant le rayonnement et par suite une déperdition de chaleur : la prédominance des vents froids.

Par toutes les études faites sur la situation de Biarritz, nous voyons qu'aucune de ces conditions ne la touche.

Il résulte donc de ces observations que Biarritz peut servir, pendant l'hiver, d'admirable station climatique.

Etudions maintenant les différentes moyennes observées.

Disons d'abord, une fois de plus, que l'étude *seule* des

tableaux fournissant les moyennes météorologiques ne sert à rien.

« Il n'y a pas de guide plus trompeur que les moyennes en température.

« Deux localités peuvent posséder la même moyenne de température et cependant leurs climats et leurs effets sur la membrane bronchique peuvent être en vérité complètement différents. » (*Corrigan.*)

Si donc l'on donne les moyennes annuelles, quel soin ne doit-on pas apporter à l'étude des moyennes *saisonnières*, *mensuelles* et *journalières* ? (1). Tout ceci a une très haute valeur médicale, car c'est seulement par de telles indications, qu'on peut arriver à fixer les conditions d'un séjour à l'air libre.

Moyennes annuelles.

	A 9 heures du matin	A 2 h. de l'après-midi.
Moyenne de 5 années : de 1863 à 1868.	10°7	9°6

1884-1896 (12 Années).

Années	Moyenne annuelle Maxima	Moyenne annuelle Minima	Écart moyen du maxima au minima.
1884-85	18°1	10°1	8°1
1885-86	18°1	10°0	8°1
1886-87	16°8	10°1	6°7
1887-88	16°9	9°1	7°5
1888-89	17°2	10°0	7°2
1889-90	17°2	9°7	7°5
1890-91	17°0	9°7	7°3
1891-92	18°1	10°8	7°3
1892-93	19°1	10°9	8°2
1893-94	17°9	10°0	7°9
1894-95	18°3	10°7	7°6
1895-96	6°6	9°8	6°8

(*Observatoire de Biarritz.*)

(1) Bien peu d'auteurs peuvent fournir de telles données. C'est pourtant un travail de haute importance.

Variations annuelles des températures extrêmes.

1er Décembre 1884 — 30 Novembre 1896

	Maxima.	Minima.	Ecart extrême.
Année entière...	16°8/19°1	9°4/10°9	6°7/8°2

DIFFÉRENCES.

Maxima.	Minima.	Ecart extrême.
2°3	1°5	1°5

(*Observatoire de Biarritz.*)

Moyennes saisonnières. — « Dans les climats des côtes, les changements de température saisonniers sont plus lents, moins brusques. Dans les villes du continent, le mois le plus chaud est juillet, le plus froid janvier.

« Sur les côtes et dans les îles océaniennes, le minimum thermique tombe en février ou mars, et le maximum seulement en août. Comme la chaleur arrive lentement au printemps et diminue de même en automne, nous avons dans le sud-ouest de la France un printemps frais et un automne chaud. » (Dr *Elevy.*)

Moyennes saisonnières.

Années.	Saisons.	Maxima.	Minima.	Ecart moyen.
1884-85	Hiver......	14°6	5°4	9°2
	Printemps..	15°9	7°7	8°2
	Eté........	24°0	16°7	7°3
	Automne...	18°6	10°5	8°1
1885-86	Hiver......	12°3	3°8	8°5
	Printemps..	18°0	9°0	9°0
	Eté........	23°1	16°2	6°9
	Automne...	19°3	10°9	8°4
1886-87	Hiver......	11°4	4°3	7°1
	Printemps..	14°9	7°8	7°1
	Eté........	24°2	17°6	6°6
	Automne...	16°9	9°9	7°2
1887-88	Hiver......	9°2	3°7	5°5
	Printemps..	15°4	8°4	7°0
	Eté........	23°5	14°5	9°0
	Automne...	19°5	11°0	8°5

Moyennes saisonnières (suite).

Années.	Saisons.	Maxima.	Minima.	Écart moyen.
1888-89	Hiver......	11°0	4°9	6°1
	Printemps..	14°9	8°6	6°3
	Été........	23°5	15°5	8°0
	Automne...	19°3	11°0	8°3
1889-90	Hiver......	11°7	3°8	7°9
	Printemps..	16°0	8°7	7°3
	Été........	23°0	16°0	7°0
	Automne...	18°3	10°5	7°8
1890-91	Hiver......	9°0	2°9	6°1
	Printemps..	15°6	9°1	6°5
	Été........	23°7	15°5	8°2
	Automne...	19°6	11°4	8°2
1891-92	Hiver......	13°2	6°2	7°0
	Printemps..	16°1	8°7	7°4
	Été........	24°6	16°4	8°2
	Automne...	18°4	12°0	6°4
1892-93	Hiver......	12°8	4°8	8°0
	Printemps..	19°7	10°6	9°1
	Été........	24°7	17°0	7°7
	Automne...	19°3	11°3	8°0
1893-94	Hiver......	11°7	4°7	7°0
	Printemps..	16°5	8°9	7°6
	Été........	24°0	17°8	8°2
	Automne...	19°5	10°7	8°8
1894-95	Hiver......	10°4	3°8	6°6
	Printemps..	16°3	9°4	6°9
	Été........	24°5	16°5	8°0
	Automne...	22°1	13°0	9°1
1895-96	Hiver......	12°3	4°5	7°8
	Printemps..	15°3	9°[illegible]	6°2
	Été........	22°2	15°6	7°6
	Automne...	16°7	10°2	6°5

(*Observatoire de Biarritz.*)

Moyennes saisonnières extrêmes (1884-96).

Périodes.	Maxima.	Minima.	Ecart extrême.	Différence.
Hiver.......	9°0/14°6	2°9/6°2	5°5/9°2	Max... 5°3 Min... 3°3 Ecart. 3°7
Printemps...	14°9/19°7	7°7/10°6	6°2/9°1	Max... 4°8 Min... 2°9 Ecart. 3°9
Eté.........	22°2/24°7	14°5/17°6	6°6/9°0	Max... 2°5 Min... 3°1 Ecart. 2°4
Automne....	16°7/19°6	9°9/12°0	6°4/8°5	Max... 2°9 Min... 2°1 Ecart. 2°1

(*Observatoire de Biarritz*.)

Moyennes mensuelles.

Donnons les moyennes mensuelles, toujours pour cette période de 12 années, d'après l'*Observatoire de Biarritz*, dirigé par M. Sébie.

Mais dans ces moyennes saisonnières et mensuelles, ce qu'il importe le plus de connaître, ce sont celles se rapportant à l'hiver même. Commençons par donner un tableau anglais dû au docteur *Ottley*.

Hiver 1863-64 (1).

	Nov.	Déc.	Janv.	Fév.	Mars	Avril
Moyenne de chaque mois calculée d'après 3 observations journalières.	10°	7°7	6°6	6°1	10°5	12°3
Moyennes des plus basses températ.	7°8	5°	3°9	3°	8°	9°9
Moyennes des plus hautes températ.	12°2	10°	9°4	9°	14°4	16°1

Voici maintenant le tableau de M. *Sébie* :

(1) Les degrés du docteur Ottley sont donnés en Fahrenheit ; je les ai convertis en centigrades.

MOYENNES MENSUELLES

MOIS	1884-85		1885-86		1886-87		1887-88		1888-89		1889-90		1890-91		1891-92		1892-93		1893-94		1394-95		1895-96	
	Max.	Min.	Max.	Min.	Max.	Min.	Max.	Min.	Max.	Min.	Max.	Min.	Max.	Min.	Max.	Min.	Max.	Min.	Max.	Min.	Max.	Min.	Max.	Min.
Décembre.	13°3	4°8	15°7	3°3	11°9	5°6	9°6	5°1	14°2	6°7	9°5	2°7	9°2	2°1	13°4	7°0	12°1	4°6	11°0	4°2	12°0	4°5	14°1	7°1
Janvier...	12°5	2°5	9°9	4°5	11°9	4°4	10°6	4°4	8°9	2°4	13°9	5°8	8°4	0°9	11°5	5°6	11°5	2°9	11°2	4°9	9°1	2°9	10°5	3°4
Février...	18°1	9°0	14°5	3°7	10°6	2°9	7°4	1°5	9°9	3°7	11°9	3°1	11°4	3°8	14°9	6°2	14°9	7°0	13°0	5°0	10°0	4°1	12°4	3°0
Mars.....	14°1	6°1	16°4	7°4	13°7	6°0	12°2	5°0	12°1	4°8	13°4	5°4	14°1	6°8	13°4	6°0	17°4	8°0	15°4	6°7	13°4	5°7	14°4	8°1
Avril.....	15°7	7°4	17°3	9°0	14°6	6°7	13°9	7°7	13°7	8°5	15°4	9°0	15°5	9°2	15°9	8°1	20°5	10°8	17°7	9°6	17°8	10°2	13°9	7°5
Mai......	17°4	9°5	20°4	10°7	16°4	10°8	20°1	12°5	18°8	12°6	19°2	11°9	17°3	11°3	19°2	12°0	21°2	13°0	16°4	10°5	17°8	12°3	17°8	11°8
Juin.....	23°4	15°1	20°2	14°4	23°4	16°6	23°6	14°7	21°0	15°0	22°7	15°4	23°1	14°5	22°8	15°4	22°9	15°4	22°7	15°1	22°4	15°6	21°3	14°7
Juillet...	24°7	17°8	25°2	17°2	24°4	18°2	22°9	14°2	24°7	16°8	23°3	16°5	24°3	16°4	24°4	16°7	23°8	16°8	24°3	15°9	26°4	17°0	23°4	16°8
Août.....	23°9	17°3	24°1	17°1	25°0	18°2	24°9	14°7	25°0	14°6	23°1	16°2	23°7	15°5	26°8	17°1	27°3	18°8	25°1	16°5	24°9	17°0	21°9	15°4
Septembre	23°4	13°9	24°8	16°5	21°4	13°2	23°1	14°8	24°0	14°7	23°2	14°5	28°8	14°4	23°6	16°6	23°3	15°5	22°4	12°4	27°3	17°1	22°6	15°0
Octobre...	16°5	10°0	19°9	11°0	16°3	8°9	18°9	9°9	17°7	11°5	18°6	10°8	20°6	12°6	18°3	11°7	21°0	12°3	20°9	11°3	19°7	10°5	16°1	9°7
Novembre	15°8	7°7	13°1	5°2	13°2	7°2	16°7	8°3	16°6	7°0	13°2	6°2	14°6	7°6	13°3	7°7	13°7	6°3	15°4	8°4	14°9	11°3	11°4	6°0

Températures moyennes des hivers.

(Décembre-Janvier-Février.)

BIARRITZ-PARIS.

Années :	1889-90	1890-91	1891-92	1892-93	1893-94	1894-95	1895-96	1896-97
	—	—	—	—	—	—	—	—
Biarritz.	7°5	6°1	8°7	7°5	7°7	7°0	9°0	9°8
Paris...	2°6	0°4	3°7	1°8	3°3	0°6	3°7	4°7

Mais il est encore plus intéressant de savoir quelles sont les températures moyennes de *chaque mois* d'hiver. Voici ces données :

		Biarritz.	Paris.
		—	—
1889-90	Décembre ...	5°6	— 0°3
	Janvier......	9°5	5°8
	Février......	7°1	0°
1890-91	Décembre ...	5°5	— 3°
	Janvier......	4°5	— 0°8
	Février......	8°	2°5
1891-92	Décembre ...	9°6	4°8
	Janvier......	8°	2°
	Février	8°6	4°
1892-93	Décembre ...	7°2	0°8
	Janvier......	5°6	0°3
	Février......	9°8	6°
1893-94	Décembre...	7°	2°8
	Janvier......	7°6	2°6
	Février......	8°7	3°
1894-95	Décembre ...	8°7	3°9
	Janvier......	5°7	1°
	Février......	6°8	— 4°
1895-96	Décembre ...	11°7	6°2
	Janvier......	7°2	3°
	Février......	7°7	3°8
1896-97	Décembre ...	9°8	3°
	Janvier......	8°1	2°8
	Février......	11°6	7°5

(Observatoire de Biarritz).

Ecart moyen des mois d'hiver entre eux à Biarritz.

	1889-90	1890-91	1891-92	1892-93	1893-94	1894-95	1895-96	1896-97
Décembre à Janvier..	3°9	1°	1°6	1°6	0°6	3°	4°5	1°7
Janvier à Février....	2°4	3°5	0°6	4°2	1°1	1°1	0°5	3°5

Ecart extrême.

HIVERS.

1889-90 Déc.-Janv.	1890-91 Janv.-Fév.	1891-92 Déc.-Janv.	1892-93 Janv.-Fév.	1893-94 Déc.-Fév.	1894-95 Déc.-Janv.	1895-96 Déc.-Janv.	1896-97 Janv.-Fév.
3°9	3°5	1°6	4°2	1°7	3°	4°5	3°5

Neige. Jours de gelée.

Nous ne serions pas complet si nous ne donnions quelques indications à ce sujet.

La neige se montre peu à Biarritz et n'y séjourne presque jamais.

Quant au nombre de jours où le thermomètre descend au-dessous de 0, donnons d'abord un relevé dû au Dr anglais *Ottley* ; puis un autre plus récent dû au *Dr Duhourcau.*

Ajoutons toujours les températures de Paris comme point moyen de repère :

HIVER 1863-64

	Nombre de nuits où le thermomètre est descendu au-dessous de 0
Novembre	0
Décembre	4
Janvier	7
Février	10
Mars	0
Avril	0

Nombre de jours où le thermomètre est descendu au-dessous de 0

BIARRITZ — PARIS

	1888	1889	1890
	—	—	—
Biarritz............	20	21	20
Paris...............	67	66	63

Journée médicale.

D'après le D^r *Le Roy*, les deux vrais mois d'hiver sont *décembre et janvier.*

Rarement à Biarritz, le thermomètre reste au-dessous de zéro, *au milieu du jour.*

Au contraire, pendant ces deux mois d'hiver, les journées de soleil sont communes ; plus d'une a été relevée avec des maxima de 17° et de 21° C. *à l'ombre* ; cependant les journées où le thermomètre oscille entre 10° et 14° C. *au milieu* du jour ne sont pas rares.

Ces observations ont autrement de portée que l'étude sèche des moyennes mensuelles.

« La journée médicale est en effet chose distincte qui, dans la pratique, n'a rien à voir avec les moyennes du mois. » (*D^r Le Roy.*)

Pour nous résumer dans notre appréciation médicale sur Biarritz *station d'hiver*, il ne sera pas sans intérêt de citer des autorités anglaises.

Leur coup d'œil pratique et juste est un fait avéré pour tous.

« Quoi qu'il en soit, dit le docteur *Lee*, Biarritz est à présent un lieu fréquenté par les Anglais comme refuge hivernal ; car, en dehors des résidents de toute l'année, il y a là une colonie anglaise suffisamment étendue, ce à quoi a pu contribuer sans doute le bon marché des logements et des approvisionnements de toutes sortes pendant cette saison.

« Le climat y est doux, quoique les brises de l'Atlantique soient fraiches et que les vents soient parfois violents ».

Et plus loin : « Les personnalités qui ressentent la dépression que peut causer un séjour à Pau trop prolongé retrouveront à Biarritz la tonicité perdue. »

Donnons comme parallèle un article du correspondant du *New-York-Herald*. Le 28 février 1887, nous relevons dans ce journal un article intitulé :

Biarritz : Paradis océanique. — Voici les conclusions de l'auteur : « Le fait est que, sous le rapport du climat, Biarritz a peu de rivales. Les hivers sont doux ; les printemps simplement divins, et la chaleur estivale parfaitement supportable ; que si, au mois d'août, la chaleur est parfois un peu forte, elle ne dure guère et on en est quitte pour rester chez soi jusqu'au coucher du soleil et faire la sieste, plaisir qui, à cette époque, en vaut un autre.

« Quant aux soirs d'été, rien ne saurait en exprimer le charme inoubliable !

« *J'estime, en somme, que ce climat n'est pas apprécié comme il mérite de l'être, et cela tient uniquement à ce qu'il n'est pas suffisamment connu.* »

Biarritz possède un autre avantage, c'est qu'on peut y passer toute l'année ; or, cet avantage n'est pas à dédaigner lorsqu'il s'agit du budget d'un *pater familias*.

Cette Reine des Plages françaises jouit, de plus, d'une autre qualité, c'est que chacun peut y vivre à sa guise, et selon ses moyens.

Biarritz la superbe ! Biarritz la merveilleuse ! tu peux dire en toute vérité :

Aura, Sidus, Mare adjuvant me (1) !

J'ai pour moi les vents, et les astres et la mer !

(1) Devise qui accompagne les armes de la ville.

Indications thérapeutiques du climat de Biarritz.

Le climat de Biarritz est *essentiellement tonique*. Il conviendra aux *natures lymphatiques*, *molles*, *pâteuses*, aux *scrofuleux* qui ont besoin d'être stimulés.

Il s'adaptera parfaitement au *lymphatisme* avec asthénie, aux *convalescents* de maladies graves, aux *rachitiques*, aux *fatigués* et surtout « à cet ensemble de troubles fonctionnels, « à cet état de langueur, de faiblesse, de souffrance relative, « dans lequel vivent la plupart de ceux qui habitent les « villes populeuses que Bourguignon appelle *malaria urbana*, et que nous appellerons plus simplement l'*anémie* « ou plutôt la *cachexie des grandes villes* (1) ».

Biarritz sera également ordonné aux malades chez lesquels on constatera des *exsudats pleurétiques*, à ceux qui ont de la disposition aux *bronchites*, aux *prédisposés à la tuberculose*, et même aux *tuberculeux confirmés*, à la condition toutefois que l'affection n'ait pas l'allure fébrile, mais soit au contraire *lente* et *torpide* (2).

Quant aux autres *tousseurs*, ils ne pourront que bénéficier d'un séjour dans cette station, à la condition toutefois d'y prendre les précautions nécessaires pour éviter les refroidissements.

Aux *choréiques*, Biarritz sera défendu dans la période ascendante de la maladie ; mais quand celle-ci est à son déclin, les malades y trouveront une guérison plus rapide de cette affection de longue durée.

Dans la catégorie des nerveux, on n'y enverra que les *neurasthéniques* par surmenage physique ou intellectuel ou par lésions utérines, et à *la condition qu'ils ne soient pas irritables*.

(1) DUTROULON. *Gazette hebdomadaire*, 1882.

(2) Je considère que pour les malades atteints des voies respiratoires, l'habitat près de la plage est nuisible. Ces malades devront s'installer à 400 ou 500 mètres de la mer, c'est-à-dire à la limite de l'influence excitante de l'atmosphère marine.

Contre-indications du climat de Biarritz.

On évitera d'envoyer à Biarritz les *phtisiques éréthiques* qui ont facilement un mouvement fébrile ou des hémoptysies, ou ceux dont l'affection présente une marche assez rapide.

On interdira le séjour dans cette station aux *rhumatisants*. La plupart du temps, dit *Jules Simon*, le rhumatisme supporte mal le voisinage de la mer.

On le déconseillera aux *asthmatiques*, aux *emphysémateux*, aux *hystériques*, aux *épileptiques*, aux *cardiaques* et enfin aux *névropathes excitables*.

Indications thérapeutiques des eaux chlorurées-sodiques fortes de Biarritz.

Je crois devoir sortir de mon cadre en signalant le précieux agent thérapeutique que Biarritz possède depuis quelques années : je veux parler des *eaux chlorurées-sodiques fortes de Briscous* (1), qui contiennent par litre 295 grammes de chlorure de sodium.

Ces eaux, comme on le sait, ont une action essentiellement tonique et reconstituante, très efficace dans les manifestations locales de la *scrofule*, les *abcès froids*, les *blépharites*, les *adénopathies scrofuleuses torpides*, les *scrofulides* simples ou malignes, dans la *tuberculose osseuse* (surtout lorsque les *lésions* sont multiples avec mauvais état général), les *ostéo-arthrites tuberculeuses*, à la condition qu'il n'y ait pas de mouvement fébrile, si léger soit-il, dans les *arthrites suppurées*, la *coxo-tuberculose*, la *tuberculose vertébrale*, etc.

Si, dans certaines de ces affections, la médication chlorurée-sodique n'évite pas les opérations, au moins place-t-elle le sujet dans de meilleures conditions pour qu'il en bénéficie plus tard.

(1) Les eaux salées de Briscous (village situé à 18 kilomètres de Biarritz) sont amenées à Biarritz par une canalisation spéciale. Elles ne perdent aucune de leurs propriétés pendant ce trajet.

On emploiera également et avec efficacité cet agent hydro-minéral dans les *affections utérines*, les *exsudats péri-utérins*, les *métrites*, *périmétrites* et les *fibromes utérins*.

Sous l'action de la médication chlorurée-sodique, les *fibromes diminueront seulement de volume* et les pénibles symptômes subjectifs qu'ils occasionnent perdront de leur intensité (1).

Corps médical de Biarritz.

Docteur	Adéma	rue Gambetta.
—	Bastide	Avenue Victor Hugo, 26.
—	Bohdanowicz	5, Place de la Liberté.
—	Elevy	Rue de France, 3.
—	F. Gallard	Avenue d'Osuna, 4 (Villa Lonbay).
—	Gutierez	Avenue de Londres, 19.
—	Jouve	Avenue Victor Hugo, 3.
—	J. Laborde	Rue Gambetta, 52.
—	F. Lavergne, ancien interne des Hôpitaux de Paris..	1, rue des Chantiers (Villa Cérès).
—	Legrand	8, rue Gardères (Villa Béarnaise).
—	Le Piez, ancien interne des Hôpitaux de Paris	Avenue de la République, 5 (Villa Saint-Germain).
—	Lobit	Av. de la Reine Victoria (Villa Franceson)
—	Long-Savigny	Rue Mazagran, 23.
—	De Lostalot-Bachoué, anc. int. des Hôpitaux de Paris.	(Villa Mirador) Route de Bayonne.
—	Toussaint	Avenue Saint-Dominique. (Villa Saint-Jacques).

Docteurs étrangers.

Docteur	Mackew	Place de la Mairie.
—	Malpas	Châlet Jérémie.
—	Vale	Rue Gambetta.

(1) Consulter sur les Eaux chlorurées-sodiques de Biarritz : F. Gallard : *Les eaux chlorurées sodiques et plus spécialement les eaux chlorées de la région pyrénéenne.* — Les brochures des docteurs F. Lavergne et de Lostalot.

Clermont (Oise). — Imp. DAIX frères, 3, place Saint-André.

www.ingramcontent.com/pod-product-compliance
Ingram Content Group UK Ltd.
Pitfield, Milton Keynes, MK11 3LW, UK
UKHW021627260726
13994UKWH00003B/1109

9 782329 422206